ESTRATEGIA DE ÉXITO EMPRESARIAL

ROBERTO SERVITJE S.

ESTRATEGIA DE ÉXITO
EMPRESARIAL

OCEANO

BIMBO
Estrategia de éxito empresarial

© 2009, 2022, Roberto Servitje S.

Diseño de portada: Ivonne Murillo
Fotografía de Roberto Servitje S.: cortesía del autor

D. R. © 2023, Editorial Océano de México, S.A. de C.V.
Guillermo Barroso 17-5, Col. Industrial Las Armas
Tlalnepantla de Baz, 54080, Estado de México
info@oceano.com.mx

Primera reimpresión: febrero, 2023

ISBN: 978-607-557-601-5

Impreso y encuadernado: Impregráfica Digital, S.A. de C.V.

Impreso en México / Printed in Mexico

Contenido

CAPÍTULO 7. UNA MISIÓN Y UN IDEAL 127

MI MADRE

Quiero dedicar esta obra, aunque sea brevemente, a mi madre, Josefina Sendra de Servitje. Doña Pepita, como la conocían con afecto sus familiares, amigos y colaboradores.

Ella nació en un pequeño pueblo de la provincia de Barcelona en España, era la sexta de nueve hermanos, estudió muy poco, pues la muerte prematura de su padre hizo que tuviera que trabajar para ayudar a su casa. A la edad de 23 años llegó a México, en donde se casó con mi padre, Juan Servitje Torrallardona, quien también falleció muy joven. Mi madre, con apenas 44 años, a la muerte de mi padre tuvo que hacerse cargo de nosotros, que éramos pequeños, y de los dos negocios de la familia.

Siempre nos dio ejemplo de fortaleza y de trabajo duro, así como de una férrea voluntad. Cuando yo era chico veía como algo natural el que la gente trabajara y se esforzara como ella lo hacía y nos enseñaba a hacerlo. Pronto descubrí que ella era excepcional.

De mi madre, mujer fuerte, física y espiritualmente, aprendimos, casi sin querer, a trabajar con entrega total y con constancia. Aprendimos a ser austeros y ahorrativos y nos dejó un precioso legado de fe cristiana y de integridad personal.

TININA

T ambién quiero dedicarla a mi maravillosa esposa, ya que sin su apoyo, su estímulo, su paciencia y su comprensión no hubiera podido salir adelante. Nos casamos muy jóvenes y muy ilusionados, pero enfrentamos carencias, enormes presiones de trabajo, viajes, ausencias y cambios de residencia.

Y aunque en aquellos momentos pareciera que eso era lo que se tenía que hacer, no cabe duda de que a ella le tocó la parte difícil, la que requirió toda su generosidad y abnegación.

No sería justo hablar de mis realizaciones sin reconocer el papel fundamental que desempeñó mi cónyuge en ellas.

Agradecimientos

Deseo expresar aquí mi sincero agradecimiento a las personas que me impulsaron a escribir este libro.

En primer lugar, a mi hermano Lorenzo, pues con sus conceptos y su ejemplo me ayudó a modelar mis convicciones.

A la Unión Social de Empresarios de México, donde durante casi cuatro décadas he recibido luz y estímulo en materia de Doctrina Social.

A mi esposa Tinina, por su comprensión, su cariño y la inspiración que ha dado a mi vida. A mis hijos, a quienes quiero entrañablemente.

A Gardina Soria, mi secretaria de tantos años, quien clasificó y ordenó mis escritos.

A Javier Millán, por su apoyo en la revisión y ordenación del manuscrito original. Agradezco en particular a Víctor Milke, quien con enorme dedicación me ayudó a reordenar esta nueva edición.

Y, desde luego, a todos mis compañeros de trabajo, a quienes ya no están con nosotros y a los que siguen trabajando en las fábricas, las agencias y las oficinas de nuestro grupo, en México y en el extranjero. Su colaboración, su entrega y su ejemplo han ido convirtiendo en realidad nuestras más elevadas aspiraciones.

Introducción

Estoy convencido de que esa felicidad a la que todos aspiramos sólo la conseguiremos si atinamos a ser buenos padres de familia, buenos empresarios, buenos ciudadanos; si nos fijamos ideales basados en grandes valores y en altos principios, si somos honestos y tenemos un claro ideal de servicio.

Hoy, a la luz de más de 80 años de experiencia, puedo decir que no creo que se pueda hacer una carrera ascendente sin una buena dosis de trabajo. En mi opinión, quienes aspiren a un progreso vigoroso y meritorio no gozarán de horarios de trabajo de 45 horas semanales.

Hace muchos años, cuando alguien preguntaba si teníamos semana inglesa, le contestábamos que no, que nuestra jornada era de más de 80 horas por semana. Hoy, por supuesto, esto ya no es necesario, aunque algunos jefes con grandes ambiciones trabajan, por su gusto, más del horario normal.

Después de más de 25 años en la dirección corporativa del Grupo, aún no olvido el trabajo operativo de la fábrica, que aunque exige demasiado es muy gratificante. En la dirección se planifica, se controla, se toman muchas decisiones difíciles, pero siempre se añora y necesita ese contacto con la operación y con la gente de la línea.

Roberto Servitje Sendra

Don Roberto, como le llaman de cariño los colaboradores de Bimbo, fue Director General de la empresa de 1978 a 1997 y Presidente del Consejo de Administración de 1994 a 2013.

Acerca del autor

Roberto Servitje Sendra, nacido en 1928 en la Ciudad de México y quien fuera presidente del Consejo de Administración de Grupo Bimbo, se ha guiado siempre por sus arraigados valores, entre ellos la consideración del ser humano como persona, la búsqueda de la calidad y la productividad, y la austeridad.

Hijo de inmigrantes catalanes, fundadores de la conocida pastelería *El Molino* —que fuera el eslabón inicial de la cadena en la que se convertiría el poderoso grupo que presidió desde 1994—, realizó sus estudios básicos en la Ciudad de México. Estudió humanidades en el Colegio Jean de Brebeuf, dirigido por sacerdotes jesuitas, en Montreal, Canadá (1943-1945). Durante su estadía en ese país perteneció al grupo de Cadetes de Aviación de la Royal Canadian Air Force (RCAF).

A su regreso de Canadá ingresó a la Escuela Bancaria y Comercial de la capital mexicana, donde estudió contaduría. Desde muy joven empezó a trabajar en un negocio farmacéutico y luego en la empresa Servitje y Mata. El día 17 de septiembre de 1945, a los diecisiete años de edad, entró a trabajar a Bimbo. Empezó como supervisor de ventas y más tarde creó el departamento de vehículos.

Su carrera como empresario arrancó en 1954, al fundar Bimbo de Occidente, en Guadalajara, y ocupar la Gerencia General de la misma. Se encargó de la apertura del mercado y el desarrollo comercial de los territorios de varios estados; de la instalación de la fábrica en 1956 y del desarrollo comercial que lo llevó a cubrir, en menos de cinco años, la mitad del territorio de la República Mexicana.

Más adelante se trasladó a Monterrey, donde se libraba una dura batalla contra la competencia. Cuando el conflicto se solucionó regresó a la Ciudad de México para desempeñarse otros seis años como gerente general de Panificación Bimbo.

En 1969 viajó a Boston, donde se graduó en la Universidad de Harvard en el curso Program for Management Development (PMD). A su retorno asumió el cargo de Subdirector de la Organización Bimbo, que ocuparía durante nueve años. En 1978 la Organización contaba ya con 13 fábricas.

En 1979 fue nombrado Director General de Grupo Bimbo y once años después asumió el puesto de Presidente Ejecutivo. En ese lapso el Grupo gozó de una fuerte expansión: se crearon 24 empresas operadoras, con lo que se llegó a un total de 50. En 1994 fue nombrado presidente del Consejo de Administración y presidente del Grupo.

Es miembro fundador de la empresa y uno de los colaboradores más antiguos de la misma. Entre sus grandes aportaciones al negocio resaltan el trabajo intenso en pro de la calidad y la innovación tecnológica; la búsqueda insistente de la productividad, a la cual llama "la posibilidad infinita", y la labor continua para crear una empresa más humana y participativa, lo que logró, en gran medida, por su disciplina y hábito de hacer visitas continuas a las fábricas.

En junio de 1995 Lorenzo Servitje, fundador de Grupo Bimbo, se expresó de Roberto, su hermano menor, como sigue:

> Quiero resaltar que los últimos 15 años de Bimbo son la gran aportación de Roberto al Grupo, en particular en lo concerniente a la innovación y la dinámica. Roberto ha sabido encontrar el balance en la aplicación de nuestra filosofía para hacer de Bimbo una empresa altamente productiva y plenamente humana.

Roberto Servitje ha realizado otras actividades de tipo académico y de acción social. Ha impartido clases en el Instituto Panamericano de Alta Dirección de Empresas (IPADE) y en los Cursos de Formación Social (CUFOSO). Fue presidente de USEM-México y presidente de la Confederación USEM, afiliada a la UNIAPAC, con sede en Bruselas, de 1984 a 1987. Ha dictado conferencias en diversos foros. En México, en la Unión Social de Empresarios de México (USEM), en el Instituto Tecnológico y de Estudios Superiores de Monterrey (ITESM), en el Instituto Tecnológico Autónomo de México (ITAM), en la Fundación Konrad Adenauer y en las universidades Iberoamericana, De las Américas, Bonaterra, Panamericana y Anáhuac. En el extranjero, en las Escuelas de Negocios de las Universidades de Harvard y Northwestern, en la Universidad McGill de Montreal, Canadá, en la Darden University de Virginia, en el IESE de la Universidad de Navarra, en Barcelona y en el IUVE de Madrid. Ha participado, también, en congresos y seminarios en nuestro país y en el extranjero. En Grupo Bimbo es expositor en el Curso del Líder y en el Curso de Superación Personal (CUSUPE), donde destaca su plática *El Ideal*. Ha colaborado, además, como consejero de diversos bancos, empresas e instituciones.

En 1988 fue nombrado Ejecutivo del Año por la Confederación Mexicana de Ejecutivos de Ventas y Mercadotecnia, A.C. En 2002 la Universidad La Salle Noroeste le otorgó el grado de *Doctor Honoris Causa* y en 2007 junto con su hermano Lorenzo fueron incluidos en el *Baking Hall of Fame*, de la American Society of Baking.

Roberto Servitje se casó en 1950 con Yolanda Achútegui. Tiene cinco hijos, 21 nietos y 33 bisnietos. Viajero incansable y estudioso de varios idiomas, sus intereses personales incluyen la aviación, la pintura, la mecánica, la lectura y, más recientemente, la computación.

En 2015, le fue otorgada, por el Papa Francisco, la medalla "Pro Ecclesia et Pontifice".

Roberto Servitje Sendra en voz de su esposa

Roberto ha sido para mí un fiel y cariñoso compañero de vida, un esposo admirable, estricto, de moral inflexible, pero al mismo tiempo comprensivo y generoso. Ha sido la guía, el ejemplo y el pilar en el que nos apoyamos todos los miembros de su familia.

Es un hombre virtuoso que ante todo ama a Dios y a sus semejantes, así como a su familia y su trabajo. Que apoya sus valiosos consejos y enseñanzas en su ejemplo. Le gusta y sabe disfrutar de la vida familiar.

Sus inquietudes sociales se han traducido en preocupación por crear nuevas fuentes de trabajo, por ser cada vez más productivo y por que se vivan los principios sociales y aumente su difusión.

Roberto es una persona polifacética, con grandes aptitudes para los idiomas y la música y un sinfín de cosas más.

Siempre termina lo que empieza, nunca deja nada a la mitad, y constantemente está pensando en crear y hacer cosas nuevas.

Roberto Servitje en voz de su hijo

Mi padre ha sido un hombre de firmes convicciones cristianas, voluntad férrea y profundo amor por los demás, motivo de gran admiración no sólo para sus hijos, sino también para muchas otras personas que se han cruzado en su camino.

Ha sido un padre cariñoso que antes de caminar nos enseñó a amar a Dios y a tenerlo presente en todos los momentos de nuestra vida; que nos inculcó con su ejemplo los valores de responsabilidad, justicia y honestidad, así como el compromiso hacia los demás.

Lo más importante que me dio mi papá han sido "alas" para ser lo que quiero ser.

Roberto Servitje en voz de su nieto

Mi abuelo es una persona muy admirada no sólo por su familia, sino por mucha gente. Es un hombre trabajador, siempre dispuesto a resolver cualquier problema que se le ponga enfrente, que está entregado a su familia, a su trabajo y a Dios, que cumple sus responsabilidades y mide consecuencias, que toma muy en serio su vida personal y su contacto con sus colaboradores.

Es un hombre con valores morales y espirituales que siempre está dispuesto a ayudar a los demás.

Un hombre al que siempre hemos querido por su bondad y su disposición a compartir su vida y alegría con nosotros.

¡Gracias, abuelo!

Prólogo

E l éxito personal y empresarial depende de diversos factores, pero para que perdure debe basarse en valores y principios sólidos. Éste es el mensaje de Roberto Servitje Sendra, uno de los líderes empresariales mexicanos más exitosos de nuestro tiempo. Como señala en su libro, "sólo prevalecen las empresas que, con una base moral sólida, con una serie de principios rectores, van logrando cierta fuerza institucional".

Es un mensaje importante al que todos debemos estar atentos. Especialmente cuando el cambio que ha sido constante se ha acelerado exponencialmente con las nuevas tecnologías y ha llevado al mundo a la globalización.

La velocidad de las transformaciones en todos los ámbitos y la disponibilidad de un cúmulo extraordinario de información exigen que las empresas puedan responder de manera instantánea a las siempre cambiantes demandas de los consumidores y a las condiciones de los mercados. En la actualidad las compañías exitosas ya no se distinguen sólo por lo que saben, sino por la rapidez con que toman decisiones con base en su conocimiento y por su habilidad para generar ahorros, mejorar la eficiencia, aprender y perfeccionar constantemente sus procesos de producción y prestación de servicios.

En este contexto las empresas requieren una base sólida que guíe su desarrollo estratégico y les permita superar los múltiples retos que implica un entorno en extremo volátil. Esa base la proporcionan una filosofía empresarial bien definida y los más elevados valores y principios.

Lo difícil es no apartarse de los principios y valores cuando se tiene que hacer frente a las presiones económicas a corto plazo. El caso de Grupo Bimbo es un magnífico ejemplo de ello.

Su filosofía empresarial se resume en dos palabras: *creer* y *crear*.

Creer, antes que nada en la gente, en las personas *como fin y no como medio* para alcanzar un crecimiento corporativo y humano pleno; en el que sólo a través de la colaboración y el compromiso de todos los que integran una empresa se pueden lograr las metas planeadas.

Creer en la integridad, no sólo como una práctica de negocios que reditúa grandes ganancias, sino también como una responsabilidad social que debe asumirse plenamente para superar retos tan complejos como la corrupción y así contribuir al avance económico, social y cultural de cualquier país. Y creer en la importancia fundamental del liderazgo para generar un sentido de misión, inculcar una verdadera actitud de servicio y cumplir el compromiso asumido con la sociedad.

Esta filosofía descansa a su vez en una serie de valores fundamentales como la honestidad, la justicia y la equidad, que, en el pensamiento empresarial de Roberto Servitje, guían las relaciones al interior de una compañía y al exterior de la misma con los consumidores, clientes, proveedores, autoridades y la sociedad en su conjunto. La administración de las empresas debe hacer explícitos tales valores en sus códigos de ética para lograr que todos los miembros los compartan y apliquen consistentemente en sus operaciones nacionales e internacionales, ya que sólo así lograrán que su fuente de trabajo pueda consolidar su proyección. En las páginas de este libro conoceremos cómo logró Grupo Bimbo convertirse, con base en una filosofía empresarial clara y valores compartidos, en una de las empresas mexicanas más exitosas, en una de las marcas más reconocidas y de mayor prestigio, y en parte esencial de toda una cultura.

En este libro, en el que Roberto Servitje nos permite conocer mejor su pensamiento, su visión estratégica, su alto sentido de responsabilidad y su pasión por México, queda demostrado que una de las principales características de un auténtico líder es su capacidad para comunicarse.

Lorenzo H. Zambrano Treviño
Presidente del Consejo y Director General de CEMEX,
1985-2014

Un mensaje preliminar del autor

Hace algún tiempo un querido amigo me invitó a escribir este libro. En aquella ocasión le agradecí su amable sugerencia pero respondí que no deseaba hacerlo. Pensaba que existían en el mercado muchos libros sobre la trayectoria del mundo de los negocios, y que cada día se publicaban más. Me parecía pretencioso creer que podría haber interés por lo que yo pudiera expresar.

Sin embargo, tiempo después, ante nuevas insistencias y con nuevos argumentos, accedí a hacerlo. ¿La razón? Comprendí al fin que puede ser un medio de dar continuidad al esfuerzo que con esperanza e ilusión he realizado durante décadas.

En efecto, he dedicado muchas horas de mi vida a transmitir a mis colegas empresarios, y a los jóvenes que aspiran a iniciarse como tales, mi profunda convicción de que la empresa desempeña un papel decisivo en el comportamiento de la sociedad y, por lo tanto, debe responder a lo que ésta espera de ella. La empresa es, sin duda, el motor de la vida socioeconómica de un país y conforma el estilo de vida de sus habitantes. Peter Drucker, un admirado y respetado especialista en administración, sostenía: "En la medida en que se resuelvan los problemas de la empresa, se resolverán los problemas de la sociedad".

Dado el papel fundamental que la empresa desempeña en el entorno social, es necesario aceptar que no sólo tiene la enorme responsabilidad de lograr sus fines económicos, sino también de cumplir con fines sociales, y sus dirigentes debemos estar a la altura de tan elevada responsabilidad.

La empresa, hoy más que nunca, requiere responder a los anhelos de la sociedad siendo eficaz, eficiente, rentable, creativa, responsable y profundamente ética.

Por tradición, las empresas se han dedicado al servicio de unos pocos; pero la realidad actual requiere que estén al servicio de todos, que sean entidades con alma, que no sólo permitan sino que promuevan la realización de todos sus integrantes y el bien común.

La convicción acerca de la importancia y la trascendencia de la empresa, y de la imperiosa necesidad de que sus dirigentes estemos preparados para llevar a cabo las transformaciones que necesite, ha sido una norma en mi actuación personal y a la vez un acicate para compartir las disciplinas y los valores que puedan cimentar las bases de esa adecuación.

Es por ello que decidí escribir este libro, para transmitir a través de sus páginas mis inquietudes a un mayor número de personas y de manera más permanente que si lo hiciera por otro medio.

Con la mejor de las intenciones expreso conceptos y transmito experiencias de muchos años que considero pueden enriquecer la vida empresarial y, en consecuencia, propiciar una sociedad más justa y más humana.

Capítulo 1
Origen de Grupo Bimbo

A menudo me preguntan si algún día los fundadores de Grupo Bimbo soñamos que estaríamos presentes en tantos lugares de nuestro país y del extranjero.

La verdad, nunca lo imaginamos.

En el pergamino de inauguración de Panificación Bimbo, el 2 de diciembre de 1945, aparecen dos palabras que considero son la respuesta a la pregunta: *Creer-Crear*.

Para mí, los cimientos de esta gran empresa fueron la fe en Dios y la visualización del valor del trabajo como extensión de su labor creadora.

Con el paso de los años, y mediante las decenas de miles de personas que contribuyeron con su trabajo cotidiano, intenso y entusiasta, así como con su preocupación constante por la calidad, el servicio al cliente y la productividad, nuestro querido Grupo se volvió una realidad.

Como el grano de trigo que se multiplica fecundo, así se han multiplicado las semillas que con fe y cariño ha sembrado cada uno de nuestros colaboradores, accionistas, proveedores y clientes, a quienes debemos, después de a Dios, el estar aquí hoy.

Por eso deseo iniciar este libro diciendo *gracias* y renovando la esperanza en *creer* y *crear*.

LOS FUNDADORES

Grupo Bimbo, empresa de capital mexicano, fue fundado en 1944. Lorenzo, mi hermano mayor, que entonces tenía 28 años de edad, desempeñó un papel preponderante en su nacimiento. Muchos contribuyeron con ideas, pero cuando él dijo *sí y así*, le imprimió a la empresa el espíritu y el estilo desde el primer momento. Además de mi hermano Lorenzo, en la fundación también participaron otras personas, entre ellas José Mata, uno de sus compañeros de escuela; Jaime Jorba, nuestro cuñado; Alfonso Velasco, un hombre de grandes y variadas aptitudes, y, en menor escala, Jaime Sendra, nuestro tío; y yo. Si bien no puedo darle a Lorenzo todo el mérito de la creación del Grupo, sí puedo decir que fue su principal impulsor.

Algunos antecedentes

El pan de caja fue traído a América por los primeros colonos europeos que llegaron a Estados Unidos. Posteriormente su nombre cambió al de pan Pullman, debido a que lo servían en los restaurantes de los carros de ferrocarril llamados Pullman.

En México comenzó a ofrecerse para su consumo interno en el restaurante Sylvain, a principios del siglo xx.

En los años veinte de ese siglo el señor Martín Velasco instaló en México una pequeña fábrica de pan de caja, y envió a su hijo Alfonso a estudiar un curso de técnico de panificación en el American Institute of Baking en Estados Unidos.

La empresa quebró al enfrentar una grave crisis económica, pero renació como *Pan Ideal* en 1926, con nuevos propietarios, quienes también iniciaron la pastelería *Ideal*, a la cual entró a trabajar mi padre, don Juan Servitje.

ANTECEDENTES DE GRUPO BIMBO

Don Juan Servitje funda la pastelería *El Molino*
1928

1936
Lorenzo Servitje Sendra se integra a la empresa familiar tras la muerte de su padre

Lorenzo Servitje se desempeña como gerente y Jaime Sendra como jefe de producción
1940

1941
La pastelería *El Molino* se amplía y moderniza

Se incorpora a la empresa Alfonso Velasco como socio industrial
1940s

Mi padre era de origen catalán, igual que mi madre, doña Josefina Sendra. Dos años después mi padre decidió separarse de la pastelería Ideal y abrir la suya apoyado por mi madre, mujer emprendedora y de gran iniciativa.

Fue así como, en 1928, nació la pastelería *El Molino*.

En 1936, cuando mi hermano Lorenzo tenía 18 años, nuestro padre murió, así que él tuvo que abandonar la carrera para ayudar a nuestra madre a atender el negocio de la familia.

En ese entonces, en *Pan Ideal* trabajaba como director técnico Alfonso Velasco, hijo de Martín Velasco, el antiguo propietario de la pastelería. Alfonso tenía conocimientos que abarcaban desde la fabricación de pan de todos los tipos, hasta la de bizcochos y pasteles, además de experiencia en el manejo y mantenimiento de la maquinaria industrial más compleja, lo que lo hacía el técnico más destacado en esta rama en México.

En ese tiempo la calidad y el servicio de *Pan Ideal* dejaban mucho que desear en cuanto a satisfacer adecuadamente la creciente demanda para este producto, tal vez porque no tenía competencia.

Para entonces el joven Lorenzo ya era el gerente de la pastelería *El Molino*, y el señor Jaime Sendra, su tío, el jefe de producción.

En 1941 la pastelería *El Molino* se amplió y modernizó para convertirse en la más grande y moderna de la Ciudad de México, y para instalar los nuevos hornos se invitó al señor Alfonso Velasco, entonces director técnico de *Pan Ideal*.

Posteriormente, cuando los administradores de *El Molino* decidieron fabricar pan de caja que venderían al mayoreo y en toda la ciudad para extenderse al ramo de la panadería industrial, invitaron como socio industrial a

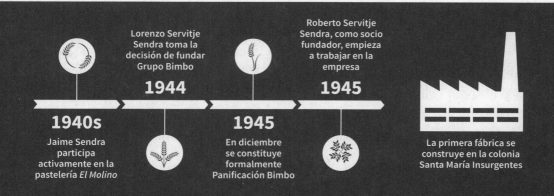

Lorenzo Servitje Sendra toma la decisión de fundar Grupo Bimbo

1944

Roberto Servitje Sendra, como socio fundador, empieza a trabajar en la empresa

1945

1940s
Jaime Sendra participa activamente en la pastelería *El Molino*

1945
En diciembre se constituye formalmente Panificación Bimbo

La primera fábrica se construye en la colonia Santa María Insurgentes

Alfonso Velasco, quien ya contaba con gran experiencia en esto y aceptó con entusiasmo. Sus ideas para mejorar el negocio, las envolturas, el producto y la distribución fueron invaluables en la aventura de fundar y desarrollar esta nueva empresa.

Jaime Jorba, mi primo, trabajó un tiempo en la pastelería *El Molino* y años más tarde contrajo nupcias con la señorita Josefina Servitje Sendra, nuestra hermana. Con un sentido innato de las ventas, gran vitalidad y empuje, y un animoso sentido del humor, Jaime fue un factor clave en el desarrollo de la empresa que comenzaba a gestarse, hasta convertirse en otro de los pilares para el éxito de Bimbo.

El creciente mercado que solicitaba un mejor servicio y un pan de mejor calidad y frescura era una oportunidad que los fundadores de Panificación Bimbo aprovecharon para convertir a la empresa en la líder indiscutible del pan de caja en México.

Participar en la fundación del Grupo representó para mí todo un desafío, pues era muy joven. Acababa de regresar de estudiar en Canadá y estaba estudiando por las noches en la Escuela Bancaria y Comercial cuando mi hermano Lorenzo me invitó a invertir en la empresa, con la advertencia de que tendría que "echarle ganas" al trabajo. Acepté su propuesta e incluso entré a trabajar a Bimbo antes que él, un 17 de septiembre de 1945; Lorenzo empezaría hasta diciembre de ese mismo año. Mi ingreso fue tan temprano que incluso el edificio aún estaba en construcción. Mi hermano seguía como gerente de *El Molino* y yo ya estaba en el Grupo trabajando en el área de ventas. Los dos supervisores visitábamos a pie a nuestros clientes en toda la Ciudad de México, creando rutas con el fin de investigar si había aceptación para ciertos productos. Cuando yo comencé a trabajar, el señor Velasco, que tenía una personalidad especial, conocimientos y diversas capacidades que hacían de él una maravilla, ya había empezado a instalar el nuevo equipo.

La primera fábrica se construyó en la colonia Santa María Insurgentes, en la tercera parte de un terreno de 10,000 metros cuadrados que nos vendió el señor Daniel Montull, el suegro de Lorenzo. A los dos años la empresa había crecido tanto que las instalaciones se tuvieron que ampliar y se utilizó otra tercera parte, y cuatro años después se tuvo que utilizar todo el terreno.

Y ahí continúan esas primeras instalaciones, aunque claro que hoy no se parecen en nada a la fábrica original.

En abril de 2022, Grupo Bimbo:

○ Cuenta con más de 200 panaderías, otras plantas y varias comercializadoras en 33 países del orbe y más de 100 marcas, convirtiéndose en la empresa panificadora más grande del mundo.
○ Tiene más de 137,000 colaboradores.
○ En el 2021 alcanzó los 17,200 millones de dólares en ventas.
○ Cotiza en la Bolsa Mexicana de Valores desde 1980.

Países donde está presente Grupo Bimbo

Argentina	El Salvador	Marruecos	Sudáfrica
Brasil	España	México	Suiza
Canadá	Estados Unidos	Nicaragua	Turquía
Chile	Francia	Panamá	Ucrania
China	Guatemala	Paraguay	Uruguay
Colombia	Honduras	Perú	Venezuela
Corea del Sur	India	Portugal	
Costa Rica	Italia	Reino Unido	
Ecuador	Kazajistán	Rusia	

Sus principales marcas son:

Bimbo	Mrs. Baird's
Marinela	Entenmann's
Artesano	Oroweat
Barcel	Lara
Ricolino	Milpa Real
Tía Rosa	Coronado
Wonder	Takis
Thomas'	

Sus productos más importantes son:

Panes	Tortillas
Pasteles y pastelitos	Dulces
Galletas	Botanas saladas
Chocolates	Cajetas (dulce de leche de cabra)

Como actividades de integración —no medulares para el negocio, pero que forman o conforman de manera integral los productos— cuenta con empresas de maquinaria especializada. Participa en otras pequeñas empresas proveedoras de diversos insumos. Tales asociaciones se han consolidado con miras a asegurar la calidad y la uniformidad requeridas para trabajar con procesos confiables.

A partir del año 2000 en Grupo Bimbo se tomó una decisión de gran envergadura: desprenderse de los seis molinos de harina que le abastecían de 75 por ciento de sus materias primas, y de dos plantas procesadoras de frutas y verduras que fabricaban las mermeladas y rellenos. La separación se realizó para satisfacer la inquietud de la alta dirección de concentrarse en sus actividades medulares y evitar la desviación de fondos y de atención a aspectos que, si bien son estratégicos, no pertenecen a su área fundamental, una decisión que sin duda fue acertada.

LA INTERNACIONALIZACIÓN

En el campo internacional las experiencias de Grupo Bimbo iniciaron 19 años después de su creación. En 1963 el señor Jaime Jorba, uno de nuestros socios fundadores, decidió regresar a España y fundar allá una planta de pan con la marca Bimbo. Se inauguró en Barcelona y tuvo tanto éxito que poco después se abrió otra en Madrid, y a principios de los setenta ya operaban cinco fábricas en ese país.

Por diversas razones, pero sobre todo porque Grupo Bimbo de México no deseaba invertir recursos fuera del país, el grupo español poco a poco se fue volviendo mayoría. En esos años surgió una fuerte agitación de izquierda y las relaciones con el personal se tornaron difíciles, lo cual orilló a muchos de los socios a vender sus acciones a una empresa estadounidense. Más adelante tuvimos diferencias con los nuevos socios y por fin les vendimos el total de nuestras acciones.

En 1969 tomamos la decisión de salir a otros países, pero no planeábamos instalar fábricas fuera, sino exportar. ¿A dónde? Recordé entonces una anécdota algo chusca que contaba Emilio Azcárraga Milmo. Decía que cuando a él se le ocurrió salir del país para crecer le comentó a su padre que pensaba empezar por ir a Guatemala, El Salvador y toda esa área, y que éste le dijo: "No seas..., si quieres salir, vete para el norte, no para el sur". Así que me dije: "Nosotros para arriba, no vamos a empezar por abajo", y empezamos a intentar exportar a Estados Unidos. Fracasamos varias veces, pues no contábamos con la mentalidad de calidad total que tenemos ahora; a menudo nuestra mercancía no cubría sus estándares y nos la devolvían. Lo mismo nos pasaba con los barcos de frutas que exportábamos a Europa.

PRIMER HITO EN LA INTERNACIONALIZACIÓN DE GRUPO BIMBO

1964: se funda la primera planta de pan con la marca Bimbo en Barcelona.

Principios de la década de 1970: operan cinco fábricas en la península ibérica.

Estamos hablando de hace casi 50 años, cuando estos fracasos nos impulsaron a luchar hasta llegar a la mentalidad de calidad total que nos caracteriza en la actualidad.

Como no había duda de que Estados Unidos era un área de gran importancia para nuestro desarrollo, en 1984, después de varios intentos no muy exitosos de exportación, formamos dos pequeñas empresas distribuidoras de nuestros productos: una en Texas, con base en Houston, y otra en Los Ángeles, California.

Con los años estas empresas crecieron hasta transformarse en verdaderos instrumentos de penetración, no sólo en sus mercados cercanos, sino en poblaciones tan alejadas como Chicago y Miami.

El siguiente paso fue explorar el mercado de tortillas, de maíz y de trigo. Para ello adquirimos de manera gradual pequeñas fábricas de mexicanos ubicadas en California, Texas, Oklahoma y Ohio.

Como era de esperarse, surgieron también oportunidades de adquirir plantas de pan, así que compramos unas en San Diego y en Los Ángeles, donde después compramos también la planta *Four-S-Webber*. Sin embargo, la adquisición más importante fue la del Grupo *Mrs. Baird's*, una empresa familiar centenaria que contaba con 10 fábricas en el estado de Texas.

Al realizar esta operación nos percatamos de que, desde el punto de vista administrativo, la situación resultaba complicada y era necesaria una consolidación. Fue así como, en 1999, se creó la empresa estadounidense *Bimbo Bakeries U.S.A.*, que abarca a todas las empresas de ese país. Con el mismo fin se creó un corporativo ubicado en Fort Worth, desde donde se administraba toda la operación, y la cual reportaba a la dirección general en México. A principios de 2002 se realizó la adquisición más importante que jamás se había hecho en el Grupo: la compra de cinco fábricas y los derechos de fabricación de la línea de panes Premium en Estados Unidos. Se adquirió de la compañía *George Weston Bakeries* la operación del Pacífico, con las marcas *Oroweat*, *Entenmann's*, *Thomas'* y *Boboli*. Consideramos que esta última ha sido una compra estratégica de gran trascendencia para el Grupo, ya que vino a consolidar nuestras operaciones en ese importante país, que ahora cubren todo su territorio.

Las ventas de Norteamérica, que incluyen Estados Unidos y Canadá, representaron al cierre de 2021 el 50.5 % de 17,200 millones de dólares, esto es, 8,686 millones de dólares.

Nuestras experiencias en el continente americano, tanto hacia el sur como hacia el norte, son ya numerosas y hemos buscado aprovechar las oportunidades que se nos presentan, ya sea por sinergias inmediatas o mediante estrategias a largo plazo.

Lo siguiente fue crecer hacia el sur, lo cual se nos facilitó cuando, en 1990, asesoramos a una pequeña empresa fabricante de pastelillos de Guatemala, que después nos invitó a participar como socios por falta de capital. Con el tiempo remodelamos la planta de esa empresa y empezamos a producir una línea de productos con las marcas Bimbo y Marinela.

El siguiente país del sur al que pudimos ingresar, en 1992, fue Santiago de Chile, en donde nos ofrecieron asociarnos con dos empresas, una de pan de caja (*Ideal*) y otra de botanas saladas (*Alesa*), de las cuales nos mandaron fotografías y un estudio. Al principio pensamos: "No, hombre, qué vamos a entrar a Chile". Pero uno de los directivos presionó y enviamos a nuestros ejecutivos a sondear el terreno, hasta que finalmente decidimos aceptar la sociedad. Al cabo de unos años tuvimos que cerrar las instalaciones viejas y deficientes con las que iniciamos y construimos una moderna fábrica de pan, y como nuestro socio ya no quiso invertir se disolvió la sociedad. Las secretarías de Relaciones Exteriores y de Comercio nos ayudaron para que pudiéramos operar con la marca Bimbo, pero aun así no lo conseguimos porque ya estaba registrada por una empresa galletera para uno de sus productos. Así que continuamos con la marca *Ideal* que adquirimos en un principio, pero le dimos la misma imagen de Bimbo, con el osito, los colores y todos los demás elementos. Después decidimos no continuar comercializando las botanas saladas en Sudamérica y vendimos esa empresa.

En 1993 ingresamos a Venezuela, en donde la empresa *Polar* nos ofreció una planta para hacer nuestros productos que había adquirido años antes. Ésta era grande y moderna pero no estaba bien ubicada; sin embargo, nos pareció una buena oportunidad para entrar en ese país, así que la compramos y la remodelamos. Más adelante nos ofrecieron en venta la *Panificadora*

Historia de Grupo Bimbo en el continente americano

1984 — Incursión en el mercado estadounidense

Se funda una empresa en Guatemala para producir una línea de productos con las marcas Bimbo y Marinela — **1990**

Década de 1990 — Entrada en Centroamérica y Sudámerica: Chile, Venezuela, San Salvador, Costa Rica, Colombia, Argentina y Perú

Se crea la empresa *Bimbo Bakeries U.S.A.* — **1999**

2001 — Arribo a Brasil mediante la adquisición de tres plantas de la empresa *Plus Vita* y *Pullman*

Se compra Los Sorchantes en Uruguay y se ingresa a ese país — **2006**

2007 — Se llega a Paraguay

Se adquiere Canada Bread y así se llega a Canadá; se compra Supán y se ingresa a Ecuador — **2014**

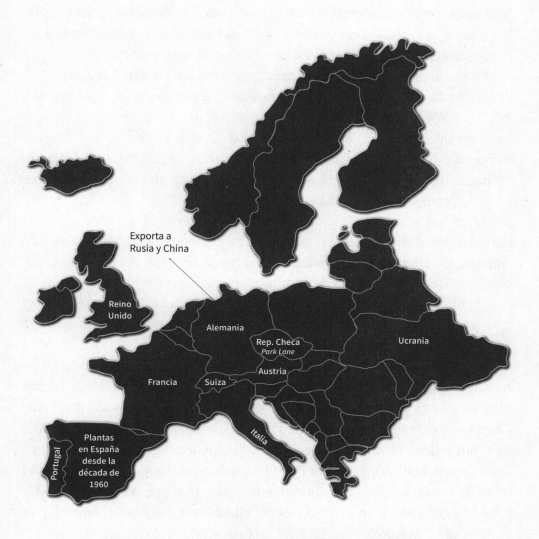

Exporta a
Rusia y China

Reino
Unido

Alemania

Rep. Checa
Park Lane

Ucrania

Austria

Francia   Suiza

Italia

Portugal

Plantas
en España
desde la
década de
1960

**Presencia de Grupo Bimbo en Europa
a partir de la década de 1960**

Holsum, la empresa fabricante de pan de caja más importante de Venezuela. Nuestra experiencia en ese territorio no había sido muy exitosa debido a las fluctuaciones y a la volatilidad de la política y de la economía.

En el mismo año pudimos entrar a San Salvador, cuando la empresa panificadora *Las Victorias* nos ofreció en venta su pequeña planta de producción. Como en Guatemala no contábamos con una línea de producción de pan, consideramos que podíamos combinar ambas operaciones y obtener cierta sinergia, así que decidimos proceder con la adquisición. Con el tiempo hemos hecho ampliaciones y adaptaciones a esta planta, la cual atiende primordialmente el mercado centroamericano.

Años después ingresamos a Costa Rica, en donde adquirimos la planta panificadora *Cinta Azul*, a la que después de algunas ampliaciones y adaptaciones convertimos en Bimbo. En fecha reciente agregamos a esta operación otra línea de especialidades de panificación y la línea *Breddy*.

Seguimos con Colombia, en donde en 1996, asociados con el *Grupo Noel* de Medellín (Sindicato de Antioquia), inauguramos en Bogotá una nueva fábrica Bimbo.

En 1997 ingresamos a Argentina, en donde después de que no fructificaron las negociaciones que hicimos con fabricantes locales, construimos por nuestra cuenta una preciosa y moderna fábrica, quizá la más avanzada del Grupo en ese momento en cuanto a tecnología se refiere (el presidente Menem nos felicitó efusivamente cuando la inauguró). Sin embargo, debido a la paridad del peso con el dólar que tanto tiempo sostuvieron en ese país, el costo de la mano de obra era brutalmente caro, más que en Estados Unidos (donde estaba seis a uno), entonces decidimos automatizar las operaciones tanto como fuera posible porque allí era costeable; a diferencia de México, en donde no vale la pena automatizar algunas cosas porque resulta más caro. Sin lugar a dudas, nuestra experiencia en Argentina ha sido la más difícil y costosa, pues no se han alcanzado los objetivos de ventas. La línea de panes ha rendido buenos resultados, pero no ha sucedido lo mismo con las demás. A pesar de todo, poco a poco hemos ido avanzando, sin embargo, debido a la situación indefinida que en la actualidad ese país está enfrentando, no hay mucha certidumbre sobre lo que pueda suceder.

En Lima, Perú, ingresamos en 1998, por invitación del grupo empresarial *Alicorp*, con el cual nos asociamos para instalar una planta Bimbo. Lo hicimos a sabiendas de que se trataba de un mercado más bien pequeño y de una economía en proceso de transformación, por lo tanto, no esperamos resultados positivos a corto plazo; más bien, lo consideramos como una buena estrategia para instalar nuestras marcas en América Latina en un futuro cercano.

A Brasil llegamos a principios de 2001 mediante la adquisición de tres plantas de la empresa *Plus Vita*, una en São Paulo, una en Río y otra en Recife, las cuales constituyen un nuevo reto que nos permitirá estar presentes prácticamente en toda Sudamérica, incluyendo Uruguay, Panamá y Paraguay, donde posteriormente se adquirió la empresa competidora *Nutrella*, que ha permitido consolidar nuestra presencia y cobertura en dicho país.

Desde las fábricas antes mencionadas surtimos a otros países de la región, como Honduras y Nicaragua, en donde, en un futuro, se vislumbran posibilidades de instalar plantas de fabricación.

De América del Sur pasamos a Oriente, en donde, en 2006, adquirimos nuestra primera planta en Beijing, la capital de China.

Como el lector podrá ver, en todos los casos hemos procurado asociarnos con empresas o personas de los países en cuestión. Las experiencias en este sentido han sido múltiples: tenemos socios minoritarios en Venezuela y Colombia. Estuvimos asociados en Guatemala, Chile y en una de las empresas de Venezuela, pero por diversas razones los socios no continuaron con el Grupo. Desde luego, también iniciamos varias operaciones como propietarios únicos, por ejemplo en Argentina, El Salvador, Costa Rica, Panamá, Estados Unidos y China.

El tamaño de nuestras inversiones es muy variado, depende de la zona que podemos cubrir: desde pequeñas plantas que costaron tres o cuatro millones de dólares, hasta aquellas de 60 millones de dólares.

Sin embargo, debo reconocer que el Grupo también ha cometido errores, de los cuales ha aprendido, capitalizando la experiencia para mejorar sus operaciones y su ingreso en nuevos mercados. Entre los más importantes podemos mencionar: *a)* errores de apreciación de los diferentes mercados a pesar de los estudios supuestamente bien realizados en el área (líneas enteras de productos que tendrían buena venta simplemente no funciona-ron); *b*) introducción en mercados en los que las ventas no alcanzan niveles razonables porque el precio de nuestros productos resulta elevado aunque los ofrezcamos a un precio justo. Desde luego, en esto ha influido la inesta-bilidad de las economías locales, pues, como sabemos, varios de los países en los que hemos ingresado han sufrido desaceleraciones económicas y de-valuaciones que nos han afectado, sobre todo por las pérdidas cambiarias.

Estamos intentando de nuevo incursionar en el continente europeo. Digo de nuevo porque, como ya antes mencioné, ya teníamos cinco fábricas en España desde hace más de 45 años. Además de España, Portugal y el Reino Unido, ya estamos presentes en muchos países de la región a través de Bim-bo QSR.

En Europa comenzamos a ingresar modestamente, en 1998, mediante la adquisición de *Park-Lane*, una empresa distribuidora de confitería con sede en Hamburgo, Alemania, que se dedica principalmente a distribuir dulces y chocolates en Europa Oriental, sobre todo en Rusia, y en Asia, par-ticularmente en China. Para esta empresa compramos, a mediados de abril de 1998, dos modernas fábricas de producción, una de chocolate en Viena, Austria, y otra de gomas y caramelo en Ostrava, República Checa, que ven-dimos por no ser productivas. En el caso de Austria parece que somos los primeros en invertir allí; y en el de la República Checa los segundos después del Grupo Alfa. Lo que compramos fueron dos instalaciones modernas que, debido a la contracción de la economía de la antigua Unión Soviética, fra-casaron y quedaron en manos de los bancos. Tiempo después tuvimos que prescindir de la operación en Austria por ser poco rentable.

Este crecimiento que parecía muy grande quedó opacado con el creci-miento que ha tenido el Grupo durante la brillante operación que ha realiza-do su director, el licenciado Daniel Servitje.

EL NACIMIENTO DE UN TRIUNFADOR

Marinela nació en 1956 con el nombre de Pasteles y Bizcochos, S.A. Comenzamos haciendo pasteles redondos, los cuales no tuvieron éxito. Los vendedores decían que la gente no los compraba porque estaban muy caros. El señor Velasco los sustituyó entonces por pastelitos pequeños, una especie de mantecadas con crema y mermelada que, como no tenían envoltura, se llenaban de tierra en las tienditas de los pueblos y aun así se vendían. Con el tiempo el señor Velasco sacó tres pastelitos en Marinela: uno se llamó Gansito, otro Bombonete y otro Nito. Se les hizo publicidad para introducirlos al mercado y los vendedores los pedían como "Ganebos" (Gansito, Nito y Bombonete): pedían tres charolas o veinte charolas de "Ganebos". Pero poco a poco dejaron de pedir Ganebos para pedir cinco de Gansito, dos de Nito y una de Bombonetes. Hasta que nos dimos cuenta de que nuestro producto súper ganador era el Gansito y comenzamos a invertir en él. La envoltura original era un capacillo con una pieza de cartón arriba que tenía un ojillo de metal para colgarlo. Costaba 80 centavos, lo que era carísimo, después hubo que subirlo a un peso, y cuando se requería subirlo a $1.10 dijimos: "No". Para no tener que aumentar el precio comenzamos por quitarle el gafete y el arillo, y empezamos a automatizar la producción, que entonces casi se hacía a mano, la mermelada y la crema se agregaban con unas bolsas. Hoy incluso se acomodan automáticamente, ya no hay trabajo manual. Habíamos llegado a hacer 10 millones de Gansitos en una semana. No cabe duda, el Gansito nació como un ganador al que fuimos arropando y cuidando.

En 2007 la Oficina de Correos de México nos sorprendió al emitir un timbre postal conmemorativo del Gansito, lo cual nos emocionó profundamente, ya que fue la primera vez en la historia de México que Correos emitió un timbre de un producto comercial, y que haya sido uno de los nuestros nos honra sobremanera.

EL NACIMIENTO DE UN TRIUNFADOR

Capítulo 2
Factores que impulsaron nuestro crecimiento

EL VALOR DEL ESFUERZO

Podría pensarse que lo que responde a nuestros anhelos de felicidad es tener una vida tranquila, sin presiones y sin esfuerzos; sin embargo, la experiencia nos indica lo contrario. Si pedimos a las personas que nos relaten alguna experiencia que recuerden con orgullo y satisfacción, por lo general hablarán de algo que les significó realizar un reto; de alguna ocasión en la que trabajaron denodadamente, en la que hicieron esfuerzos extraordinarios.

Con base en lo anterior, considero que aunque en apariencia buscamos la felicidad en el esparcimiento y la tranquilidad, lo que en verdad nos satisface y nos hace felices, sin importar cuánto esfuerzo —e incluso sacrificios— tengamos que hacer, es realizar algo.

En lo personal pienso que sólo el que se esfuerza y ahorra ve recompensado su trabajo con reservas económicas que le permitirán afrontar la vida con mayor tranquilidad y, además, gozar la profunda satisfacción de haber realizado algo bien.

Confianza en México

Uno de los factores, de hecho el medular, que impulsó el crecimiento del Grupo, fue la *confianza en México*. Nunca pensamos en ver hacia atrás, sino siempre hacia delante, a veces emprendiendo acciones que podrían parecer ilógicas o negativas para el negocio.

Cuando empezamos a fabricar pan lo distribuíamos en la Ciudad de México. Después abrimos rutas a los estados de Puebla, Morelos, Hidalgo y Veracruz. Varias de las rutas que iniciábamos causaban más pérdidas que ganancias. Les llamábamos "rutas de hacer patria": no ganábamos dinero, pero sí mercado; pensábamos que a la larga era más importante el mercado que el dinero. Y no nos equivocamos.

INTEGRACIÓN

Para mantener la calidad y el abasto en ocasiones hemos tenido que integrarnos verticalmente. Cuando el consumo de Gansito empezó a crecer, tuvimos problemas con la mermelada de fresa. Al aumentar nuestra demanda los proveedores de mermelada ya no se dieron abasto y empezaron a vendernos producto adulterado, el cual podía llegar en buen o mal estado. Debido a nuestras políticas de calidad total, no podíamos permitir esta situación, así que decidimos incursionar en la producción de mermelada de fresa, para lo cual instalamos la que ahora es la planta empacadora más grande de México en Zamora, Michoacán.

Con nuestros proveedores de harina sucedió algo similar, hasta que nos ofrecieron en venta la operación de Wonder en México, la cual incluía un molino. Al hacernos cargo de su administración descubrimos que con él podíamos operar con mayor eficacia. Así fue como iniciamos nuestra nueva aventura en molinos y con los años nos convertimos en el conjunto molinero más grande de México.

También arrancamos una operación de manufactura metalmecánica con la cual fabricamos jaulas, carros para moldes y exhibidores. La cantidad de exhibidores que requerimos es muy grande: los necesarios para las nuevas tiendas y para reponer los existentes, que se ensucian o se rompen. Fabricamos estos artículos con equipo robotizado, con una calidad excelente, a gran velocidad, de manera económica y con un precio inmejorable. En nuestra planta también producimos nuestros propios vehículos eléctricos de reparto, desarrollados por jóvenes ingenieros mexicanos.

Afán de crecer. Expansión territorial

El afán de crecer se convirtió en una obsesión que fue satisfecha mediante la expansión territorial. Abrimos plantas donde era necesario, buscando siempre crecer para atender mejor a nuestros clientes y consumidores.

Comentaba en un capítulo anterior que nunca soñamos con el crecimiento tan enorme. A la fecha de esta nueva edición, 2022, Grupo Bimbo está en 33 países, entre ellos China, India, Kazajistán, Rusia, Turquía y Sudáfrica. En Europa, además de España, está en Francia, Italia, Portugal, Suiza, Reino Unido y Ucrania. Esto ha sido labor de la dirección encabezada por mi sobrino Daniel Servitje.

INGREDIENTES DEL ÉXITO DE GRUPO BIMBO

- Reinversión
- Políticas de calidad- austeridad- servicio
- Integración vertical
- Exportación/ internacionalización
- Estructura simplificada
- Tecnología de punta- modernización
- Orden, limpieza y calidad

REINVERSIÓN

La reinversión representó un factor diferenciador en nuestro crecimiento. No hay crecimiento sin recursos, los recursos de los accionistas son finitos, pues no pueden seguir invirtiendo de manera permanente. La única fuente de financiamiento, además de los préstamos, es la reinversión de las utilidades. El ritmo de crecimiento ha sido consistente en el Grupo; si bien los dividendos que otorgamos son modestos, el valor de nuestras acciones crece debido a las políticas de reinversión.

MANTENIMIENTO DE POLÍTICAS DE CALIDAD-AUSTERIDAD-SERVICIO

La austeridad y el servicio son dos factores de singular relevancia para el crecimiento del grupo.

Comencemos por analizar la austeridad. Una empresa que despilfarra sus recursos en lujos y situaciones ostentosas no podrá lograr un lugar permanente en el mercado ni mantener un ritmo de crecimiento continuo. En Bimbo buscamos ser austeros, invertir en lo que hay que invertir y ahorrar en lo que hay que ahorrar.

Austeridad no significa dejar de gastar, sino gastar sin adornos. Nosotros buscamos invertir más que gastar, y la austeridad nos ha ayudado a mantener bajos nuestros gastos. Si logramos gastar menos ganaremos más y podremos tener más efectivo para crecer.

Aunque el servicio no es un disparador directo del crecimiento, sí es un generador indirecto. Todos en el Grupo sabemos que si proporcionamos productos de calidad y buen servicio a nuestros clientes, ellos se sentirán a gusto comprándonos y vendiéndonos.

Si brindamos un buen servicio (cambio de productos, frescura), nuestros consumidores buscarán nuestros productos por encima de otros. A fin de cuentas, toda acción encaminada a mejorar el servicio repercute en un incremento de las ventas, lo cual está directamente relacionado con el crecimiento.

Diversificación de líneas

Cuando logramos la mayor participación dentro de un segmento de mercado o una línea, investigamos si podemos satisfacer otras necesidades de los mismos clientes. Eso nos lleva a crear nuevos productos, por ejemplo Takis, que ha sido un enorme éxito. Nuestro propósito es siempre fabricar las líneas de productos que comercializamos, no distribuir productos de otros, mucho menos distribuirlos con nuestras marcas si no los fabricamos nosotros.

Delegación

Sin embargo, aunque quisiéramos, sería imposible que nosotros realizáramos todo. Debido a esto, Bimbo siempre ha buscado, bajo el principio de subsidiariedad, delegar tareas en los colaboradores que estén preparados para llevarlas a cabo. Saber delegar es esencial para el crecimiento, toda vez que más personas pueden hacer más de lo que haría un pequeño grupo trabajando aisladamente. Los jefes deben delegar sus labores de tal manera que ellos, como jefes, también puedan crecer. El tema de los jefes y el de la delegación se comentará con mayor amplitud más adelante.

EXPORTACIÓN/INTERNACIONALIZACIÓN

La incursión en nuevos mercados fue el factor determinante para nuestro rápido y dinámico crecimiento internacional, el cual comenzó cuando adquirimos la planta de Guatemala. La exportación desde México y los demás países donde tenemos plantas instaladas, hacia el extranjero, ayudó también a incrementar las ventas y, por consiguiente, a crecer.

ORDEN, LIMPIEZA Y CALIDAD

Cuando empecé a trabajar en Bimbo mis labores no entrañaban gran calidad administrativa, En un principio me hice cargo del área de ventas. Luego estuve en la tesorería, en la caja, y poco después asumí la dirección de vehículos. A medida que la empresa crecía, los camiones sufrían muchos choques y descomposturas, y no había quien manejara ese asunto. Como yo fui cadete de aviación en Canadá, y en la escuela nos enseñaron mecánica de aviación, tenía cierta experiencia, además de mucho interés en esa área. Así que la estudié y organicé todo el departamento de vehículos, función que desempeñé durante siete años. Después ocupé la gerencia de ventas de Panificación Bimbo y luego la gerencia general de Guadalajara.

A partir de ese momento creo que mi participación en el Grupo se volvió más importante.

Desde que llegué a Guadalajara observé que la limpieza y el orden de la planta eran distintos a lo que estábamos acostumbrados en México. Había una mayor preocupación por el orden y la calidad; lo que incluso era un tanto criticado porque conllevaba costos. Ahora puedo afirmar con orgullo que logré la meta de igualar los niveles de calidad de todas las plantas que teníamos entonces con los de la planta de Guadalajara, aunque entre los niveles de ésta y los de las demás había mucha diferencia. En la actualidad todas nuestras plantas son verdaderamente impresionantes en cuanto a orden, limpieza y calidad; la mayoría están en la norma iso 9000.

Otro cambio que podría atribuirme es el de la modernización de la empresa; no fue fácil, porque la mentalidad de los más viejos era la de no hacer muchos gastos, sin embargo, trabajamos para conseguir que ésta poco a poco se modernizara.

TECNOLOGÍA DE PUNTA-MODERNIZACIÓN

La adquisición de tecnología de punta y la modernización de las plantas fueron un aspecto clave para el crecimiento; sin embargo, el crecimiento se basa en la competitividad más que en la modernización *per se*. Cuando iniciamos con la exportación, como ya comentamos, enfrentamos problemas por las diferentes definiciones de calidad en México y en Estados Unidos. Los estándares de calidad en el extranjero eran más altos que los nuestros, de tal suerte que tuvimos que modernizar nuestras plantas para competir con ellos. Al hacerlo no sólo mejoraron nuestras plantas, también los procesos productivos y, en consecuencia, las ventas. Y con el aumento de las ventas también disminuyeron los costos.

Muchas veces el empresario ve limitada su capacidad de reinversión o de inversión en tecnología mientras que otras organizaciones van creciendo y mejorando procesos. En Bimbo creo que hasta pecamos —o pequé— de lo contrario. Claro, ahora los beneficios están a la vista, pero en ese entonces no se sabía si valía la pena correr el riesgo.

Un ejemplo de esas inversiones lo tenemos en la planta de Marinela Azcapotzalco. En esa planta teníamos unos preciosos hornos para galletas, pero cuando arrancamos el plan de calidad total nos dimos cuenta de que no cumplían nuestras expectativas al respecto. Las galletas salían más doradas de un lado que del otro, aunque no dejaban de ser muy buenas. Buscamos el problema en los quemadores y en los pirómetros, pero no encontramos nada. Y de pronto encontramos que había hornos que sí daban la calidad total que queríamos; y aunque un horno como los que teníamos por lo general se amortiza en 30 años —hay panaderías con hornos que tienen 50 años—, a los siete nos deshicimos de ellos y adquirimos los hornos daneses nuevos que nos dan una calidad extraordinaria.

Otro ejemplo es la inversión en sistemas neumáticos que negociamos con harineros y transportadores para el manejo de la harina, que antes se manejaba en costales.

Si bien algunas medidas pudieran considerarse un tanto exageradas (cambios de maquinaria, visitas anuales a todas las exposiciones en todo el mundo en busca de equipos, transportadores, batidoras y mejores sistemas), siempre estuvimos a la vanguardia, tanto que nuestras plantas están en un nivel igual o superior en cuanto a tecnología en relación con las de Estados Unidos, Europa y otras regiones.

LA ESTRUCTURA

En enero de 2008 el Grupo contaba con cuatro organizaciones que agrupan a varias compañías y 78 plantas. No obstante, nos mantenemos reorganizando la estructura administrativa del Grupo para simplificarla. En México llegamos a tener más de 40 divisiones, las cuales en el 2002 ya se habían reducido a tres. Esto se logró mediante una consolidación, una reducción de razones sociales.

Hemos operado con un sistema de gerencias, con una estructura de gerencia en cada fábrica, pero en la actualidad lo estamos modificando.

Teníamos un sistema de reparto por línea, al grado que a algunos establecimientos llegaban entre ocho o nueve diferentes camiones del Grupo a surtir distintos productos, lo cual es muy costoso pero tiene sus ventajas. En España nuestros socios nos presionaron para usar otro sistema que consistía en juntar los pasteles y el pan en una sola ruta; sin embargo, cuando lo probamos el resultado fue la pérdida de ventas.

En la actualidad, debido a la globalización, la competencia internacional y la presión económica que estamos experimentando, buscamos métodos de distribución más costeables. Por ejemplo, utilizamos el método de enviar a los grandes autoservicios un solo camión muy grande, surtido con toda la línea de productos, en vez de siete u ocho camiones con diferentes productos. En el camión sólo va el chofer, quien entrega la mercancía a una persona del Grupo que está dentro del establecimiento, ésta se encarga de recibirla, acomodarla, firmar de recibido y de todos los otros detalles relacionados con la operación.

RESUMEN DE LOS SECRETOS DEL ÉXITO DE GRUPO BIMBO

1. Una clarísima idea de lo que es servicio. Saber que todo lo que hagamos debe redundar en beneficio para el público consumidor: precio, calidad, presentaciones, productos, etcétera. Siempre hemos procurado, más que ganar dinero, servir bien, Creo que eso ha sido fundamental.

2. La reinversión. Desde su fundación la empresa reinvierte la mayoría de sus utilidades. En 1980, cuando entramos a la Bolsa de Valores, se especificó a los posibles inversionistas que en la empresa se paga un porcentaje de las utilidades y el resto se reinvierte.

3. El crecimiento. Siempre hemos luchado por extendernos, por crecer. Cuando agotamos la República Mexicana y ya no cabíamos, comenzamos a crecer hacia fuera, y cuando agotamos el continente, seguimos pensando en crecer. Por ello, en 2006, entramos a China con ambiciosos planes de crecimiento.

4. El mercadeo. El Grupo ha realizado actividades de mercadeo desde que comenzó, aunque al principio lo hizo en forma rudimentaria. ¿Qué entendemos por mercadeo? El diseño de los productos y de las envolturas, el tamaño de las presentaciones, los precios de los productos, la publicidad, la promoción. Creo que fuimos la primera empresa panificadora que se hacía publicidad; antes de que existiera la televisión la hacíamos en cines, en revistas, en periódicos, con camiones de sonido.

5. El trato justo y el respeto permanente a la persona. Buscamos la subsidiaridad, es decir, la oportunidad de que la persona crezca, que cometa errores, que participe y se involucre. Lo que queremos, en esencia, es que nuestra organización sea altamente productiva y humana. Aún no logramos por completo ninguna de las dos cosas, pero es una preocupación constante, seria, pues pensamos que lo más importante de una empresa es su personal, y dentro de su personal lo más importante son los jefes. ¿Por qué? Porque son ellos quienes seleccionan, capacitan, dan entrenamiento, motivan e inspiran a los demás, y quienes verdaderamente hacen la empresa.

Recuerdo que en la inauguración de una fábrica en Sudamérica alguien me felicitó diciendo: "Qué cosas tan buenas haces". Yo le respondí: "¿Sabes?, yo no hago nada, más bien estoy sorprendido de lo que hace mi gente; yo nada más firmé por ahí un papelito y mira la fabricota que montaron". Nosotros no hacemos nada, quienes lo hacen son los jefes, ellos son quienes mantienen el espíritu de la compañía, los que tienen iniciativas, a veces pueden equivocarse, pero cuentan con la oportunidad de rectificar.

Tenemos interés permanente en el desarrollo de nuevos productos. Al principio sólo teníamos cuatro productos: Pan chico, Pan grande, Pan negro y Pan tostado. Hoy tenemos más de 10,000.

Uno de los productos de los que me siento más orgulloso son las Tortillinas Tía Rosa. Hace varios años, cuando nos dimos cuenta de que las tortillas de harina tenían buen potencial y tratamos de elaborarlas, descubrimos que no había maquinaria automática para ello. Entonces encargamos a los departamentos de ingeniería que intentaran diseñarla. En Monterrey se construyó una máquina enorme que no sirvió para nada, pero con el tiempo, con asesoría estadounidense, llegamos a producir unas líneas de tortillas.

Ese producto llegó a ocupar el cuarto lugar en ventas del Grupo: Pan grande, Gansito, Pan integral y Tortillinas Tía Rosa.

NUESTRA APORTACIÓN AL CONSUMIDOR

1 Todos nuestros productos cuentan con el más alto control de calidad.

2 La producción es en serie, en cantidades grandes y automatizada, hasta robotizada en muchos casos.

3 Nutrición. Además de contar con materias primas de excelente calidad, nuestros productos están enriquecidos con vitaminas y hierro, y en algunos casos con ácido fólico.

4 La higiene. Todos los productos se venden envueltos, se distribuyen en camiones limpios; lo que no se vende se recoge.

5 La frescura. Si usted, lector, va a un autoservicio, a una tienda y compra un pan, sabe que es fresco. ¿Por qué? Porque si no lo estuviera ya lo habríamos recogido. Los productos tienen una clave y los vendedores saben que tienen que cumplir con esa norma sin excusa ni pretexto.

Capítulo 3
Nuestra columna vertebral

...que la empresa no sólo haga cosas con los hombres, sino que haga hombres con las cosas.

ANDRÉS RESTREPO

Como antes ya mencioné, quienes fundamos el Grupo lo vemos como una comunidad de personas que trabaja de manera permanente en construir una empresa altamente productiva y humana.

El espíritu de nuestra empresa lo formamos todos, siguiendo nuestra regla de oro:

Respeto, justicia, confianza y afecto.

IMPORTANCIA DE UNA FILOSOFÍA EMPRESARIAL

Sólo conseguimos caminar por la vida con serenidad cuando entendemos su sentido sobrenatural, es decir, cuando logramos comprender y aceptar que el hombre, a diferencia del resto de la creación, vino al mundo con la finalidad de trascender.

Yo estoy convencido de que Dios nos creó y nos puso en el mundo para que seamos los instrumentos con los que él pueda realizar muchas cosas. Él podría acabar con el mal en el momento que quisiera, de un plumazo podría terminar con la miseria, con la pobreza; pero no, Él desea que los hombres seamos los brazos con los que Él pueda llevar a cabo ese trabajo.

Sí, el hombre nace con una finalidad trascendente: venir al mundo a ser útil, a ser instrumento de redención para los demás. Si venimos a pasarla bien, a vivir egoístamente, a no pensar en los demás, a no querer a otros, frustramos la finalidad para la que fuimos creados.

Participé en una conferencia en la Universidad Francesa de Montreal. Uno de los conferencistas era islámico y estaba sentado a mi lado. Había protestantes y miembros de otras religiones. Me sorprendió la similitud entre los valores islámicos y los nuestros: anhelamos lo mismo. La esencia del Islam y la de las creencias judías son similares a la cristiana. Buscamos el mismo fin. No estamos equivocados quienes profesamos religiones monoteístas; cada uno tiene una determinada responsabilidad: el maestro, el empresario, el profesional. Con los elementos que Dios nos ha dado y los que necesitamos desarrollar, debemos servir a los demás y cumplir nuestra misión trascendente.

Muchos principios de nuestra filosofía son compartidos por otras religiones. Hace años impartí una conferencia en Bombay. Eran más de 500 asistentes y tal vez seríamos unos 30 cristianos, entre ellos el científico que hizo "La Revolución Verde", el doctor Norman Borlough, quien es venerado en la India. Hablamos de valores de responsabilidad social y éticos en la empresa, los cuales compartimos con los hindúes y los sikhs. Creo que los valores fundamentales de la humanidad son:

- Respetar y querer a las personas.
- Permitir que crezcan.
- Solidarizarse con ellas.
- Ser generosos.
- Pensar que el trabajo tiene un mérito.

Y también creo que la Doctrina Cristiana los ha sabido captar, interpretar y difundir.

La esencia de nuestra misión puede sintetizarse en la palabra *servir*. En la medida en que hayamos recibido dones, tenemos que aplicarlos al servicio de los demás; y en la medida en que los apliquemos, encontraremos paz y satisfacción por el deber cumplido. La felicidad terrena quizás anda más cerca del intento que de la realización; está más próxima al esfuerzo que a la culminación; es amiga de la tenacidad, de la perseverancia, de la sencillez y del amor. Pero, aun cumpliendo con nuestra finalidad de servir, no podemos esperar la felicidad completa; la vida es trunca y está compuesta de alegrías y tristezas, de gozo y dolor, de éxitos y fracasos, producto de nuestros actos pasados. El análisis de dichos actos nos brinda la oportunidad de aprender a vivir con mayor sabiduría y de crecer como personas con ese aprendizaje.

Así como el ser humano camina por la vida con una filosofía, también lo hacen las instituciones que crea. La mayoría de las empresas cuentan con una filosofía explícita, bien definida y puesta por escrito. Otras no la tienen totalmente clara pero la practican, y otras la practican sin estar conscientes de que lo hacen.

Sin embargo, la historia reciente nos advierte que en la dura lucha por la supervivencia sólo prevalecen las empresas con una base sólida y con una serie de valores, de principios rectores que les permiten cobrar fuerza institucional. La columna vertebral de una empresa es su filosofía, no su organización ni sus sistemas, tampoco su tecnología, por más avanzada que sea, por eso, al proyectar el inicio de una empresa hay que esbozar cuál será su filosofía empresarial.

La filosofía empresarial, constituida por el conjunto de valores, costumbres, práctica, visión, razón de ser y función de la empresa, puede o no estar en nuestras manos. Algunas organizaciones inician sus operaciones con una panorámica clara de cuáles serán los valores que regirán su comportamiento, mientras que otras los van bordando en el camino.

La filosofía empresarial, que está compuesta por ideales y pensamientos:

- No cambia con el entorno.
- No depende de los cambios macroeconómicos, de la política o los bloques comerciales.
- Depende del espíritu, de los pensamientos de los dirigentes de la empresa y de cómo logren permearse en todos los niveles.

○ Ayuda a la empresa a mejorar su posición en el mundo. En esta época de cambios, ante las oportunidades que se acercan, en especial por la globalización de la economía, la apertura económica y los cambios sociopolíticos internos y externos, es indispensable tener una filosofía empresarial con una mística rica, profunda, que abarque no sólo los principales valores, sino también los grandes principios sociales.

Es necesario desarrollar una ideología clara, ilustrada, en la que los principios de solidaridad, respeto a la persona, justicia y valor del trabajo, ocupen un lugar preponderante.

Asimismo, es necesario formular políticas que fomenten las buenas costumbres, impulsen el desarrollo, estimulen la participación, promuevan la relación fraternal e induzcan al servicio de todos.

La filosofía empresarial puede ayudar en gran medida a conseguir el primer punto: fomentar las buenas costumbres y propiciar buenos hábitos de los colaboradores. Pero para que eso suceda es indispensable que la filosofía esté bien cimentada e impulse el desarrollo de las personas, de modo que mejoren sus habilidades, competencias y cultura. También deberá facilitar su participación en diferentes ámbitos empresariales, como son la propiedad, las utilidades y el cumplimiento de las funciones. La relación fraternal es promovida cuando el colaborador se desenvuelve en un entorno de cordialidad y respeto, tanto a la dignidad del hombre como a su individualidad y opiniones. Por último, al estar al servicio de todos por igual, dicha filosofía tendrá toda la credibilidad y apoyo necesarios.

En cambio, si busca el beneficio de unos cuantos, tarde o temprano los colaboradores la abandonarán.

La filosofía empresarial deberá:

○ Provocar el crecimiento cuantitativo y cualitativo, así como apoyar la reinversión, investigación, innovación, creatividad, dinámica y visión a largo plazo.

○ Dictar valores que atraigan a personas de altos ideales y alejen a las que sólo pretendan negociar o medrar. Estos valores propiciarán la integridad y desterrarán la corrupción.

En la filosofía habremos de integrar preceptos que incluyan:

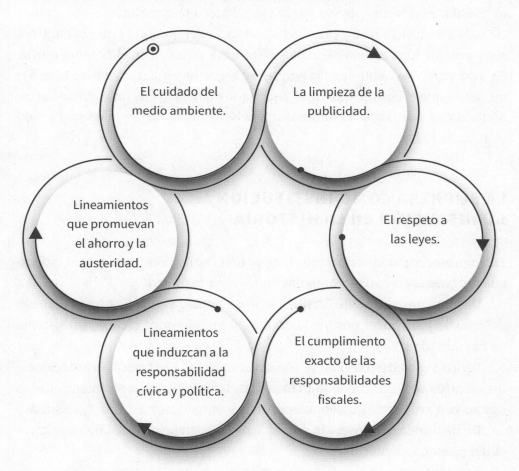

El cuidado del medio ambiente.

La limpieza de la publicidad.

Lineamientos que promuevan el ahorro y la austeridad.

El respeto a las leyes.

Lineamientos que induzcan a la responsabilidad cívica y política.

El cumplimiento exacto de las responsabilidades fiscales.

Es decir, un conjunto de normas que tiendan al fortalecimiento del bien interno y al crecimiento del bien común.

Para que la compañía pueda cumplir con las responsabilidades internas y externas que le corresponden, será esencial que su filosofía empresarial, clara y precisa, oriente e inspire a su personal. Los primeros que deben entenderla y vivirla son quienes tienen en sus manos la toma de decisiones. Debe desterrarse la pugna entre dirigentes y colaboradores y luchar por una relación justa y humana en su actividad productiva.

La empresa no es una entidad viva *per se*, cobra vida a través de su personal y sus accionistas. Su desarrollo depende en gran parte del desempeño individual y en equipo de sus integrantes. Pareciera que con las revoluciones científica e industrial se perdió la importancia del hombre y que la empresa simplemente lo usa. Esta premisa se confirma incluso con el nombre que se da a las personas dentro de las empresas: recursos humanos, empleados. De tal suerte que el administrador es aquel que maneja los recursos financieros, materiales y humanos. El hombre se vuelve un engrane de la empresa y no el alma de la misma.

LA EMPRESA COMO INSTITUCIÓN, SU INSERCIÓN EN LA HISTORIA

La empresa, como la conocemos hoy, es una institución reciente; sin embargo, sus bases son casi tan antiguas como la humanidad.

Diez mil años antes de Cristo, las tribus nómadas practicaron la división del trabajo para hacer posible la cacería, y los sumerios crearon un sistema de contabilidad.

Varios siglos después, en la realización de sus enormes construcciones, los egipcios se valieron de la planeación, la organización y el control para operar con grupos de colaboradores incluso superiores a 100,000 personas.

De Babilonia se conservan registros de la existencia del salario mínimo y la delegación de autoridad.

Ya en nuestra era, en Italia aparecieron la banca y la partida doble en la contabilidad.

El Renacimiento, la Revolución Científica, la constitución de los primeros Estados-nación, las exploraciones, los descubrimientos y la reforma protestante gestan la revolución económica. De ella nace el sistema de mercado que explica Adam Smith.

A finales del siglo xviii terminaba el llamado capitalismo comercial, propiciado por la navegación y las colonizaciones, y se iniciaba el capitalismo industrial, impulsado por la máquina de vapor. A mediados del siglo xix éste cede paso al capitalismo financiero, caracterizado por la preponderancia de las finanzas sobre las otras áreas de las empresas.

SISTEMAS ECONÓMICOS

Las prácticas, costumbres y técnicas mencionadas derivaron en lo que hoy denominamos sistemas económicos, los cuales, con diversas variantes, rigen el funcionamiento económico-social de nuestro planeta.

Dichos sistemas son:

- **Economía de subsistencia.** El tradicional que aún opera en las regiones marginadas.
- **Economía planificada, autoritarista y centralizada.** El que funciona en el mundo socialista-comunista.
- **Economía de mercado o libre mercado.** El que funciona en los países capitalistas.

A continuación analizaremos cada uno de estos sistemas.

Economía de subsistencia

Más que apegarse a un modelo económico identificado, la economía de subsistencia se maneja en las regiones de escaso o nulo desarrollo y sólo permite la supervivencia de sus habitantes.

Economía planificada, autoritarista y centralizada

El socialismo, en sus distintas modalidades, se ha transformado y adaptado mejor a las realidades económicas y humanas. Creo que muchos de sus postulados son buenos, pero también estoy de acuerdo en que otros están en contra de los anhelos fundamentales del hombre.

Economía de mercado o libre mercado

Este sistema, configurado en sus inicios como un sistema liberal conocido como "liberalismo económico", fue consecuencia del profundo cambio social propiciado por la Revolución Industrial.

HACIA UNA EMPRESA CON RESPONSABILIDAD SOCIAL

¿Cómo conseguir que mejore el sistema de libre mercado, que al parecer es el único que podría funcionar para bien de la humanidad?

La respuesta es sencilla: humanizándolo, dándole un fuerte contenido de responsabilidad social, haciendo que no sólo sea bueno para unos cuantos sino para todos.

En el caso de Bimbo, desde 1963 estamos afiliados a la USEM (Unión Social de Empresarios Mexicanos), la cual, a su vez, pertenece a la UNIAPAC (Unión Internacional Cristiana de Dirigentes de Empresas), con ramificaciones en todo el mundo. Los objetivos de ambas asociaciones son la difusión y la implantación de los principios de la Doctrina Social en el empresariado.

Pero, por desgracia, para el empresariado occidental esas ideas no son claras. Para ellos lo que cuenta son las utilidades. En la mayoría de las empresas no hay conciencia de estos valores, no por maldad sino por tradición, por costumbre. Si partimos de la época del liberalismo, de Adam Smith, del advenimiento de la máquina de vapor y los cambios relacionados, vemos que la empresa se ha transformado: primero fue manejada por quienes tenían alguna idea de organización, después por economistas y por financieros. Al conformarse los gremios los objetivos eran muy claros: producir al precio más bajo, vender al precio más alto y conseguir la mano de obra más barata (niños, mujeres, largos horarios laborales). Poco a poco, a través de los sindicatos, del socialismo, de la doctrina de la Iglesia, se ha llegado a una situación más humana. Pero los sistemas que pueden llamarse de libre empresa no tienen todavía una clara conciencia social; la mayoría de los empresarios de México y del mundo no la tienen.

En una ocasión fui a impartir una conferencia en la Universidad de Northwestern, en Estados Unidos. Me invitaron a hablar precisamente sobre responsabilidad social. Llegué un día que era de fiesta para los judíos y el decano me informó que me acompañaría al salón pero que desgraciadamente no podría quedarse. Pues bien, después de presentarme se sentó cerca de la puerta y nunca se fue. Escuchó toda la plática. Al terminar, el director de ética me pidió que le explicara toda la cuestión social de la que había hablado. Así lo hice y su comentario fue: "¿Sabe? Tiene razón, pero aquí esto no funciona. Sí, necesitamos un desarrollo desde la familia, pero no se puede hacer".

En 1969 estuve en Harvard en un curso que duró varios meses, en el que al principio no se hablaba nada de ética. Descubrí que algunas personas tenían inquietudes similares a las mías, entre ellas un sacerdote que ahora es obispo. Nos reunimos y le planteamos al rector: "Oiga, el curso no incluye nada de responsabilidad social; sólo se habla de *business*, de cómo pelearse con los sindicatos". Y nos dio la oportunidad de hablar hora y media cada semana sobre responsabilidad social. La asistencia era muy buena, pero la verdad es que había cosas que no se entendían. La mayoría de los empresarios tienen normas de ética y ciertos valores; pero una clara conciencia social, no la hay. Y ésa es la batalla, la lucha, el trabajo de la USEM. Llega a ser frustrante: después de 65 años se ha conseguido muy poco.

Por lo anterior, en vez de buscar una tercera vía, incierta y a mi juicio inviable, lo que debe hacerse es promover un *sistema de libre mercado con responsabilidad social.*

Una economía de mercado con responsabilidad social es garantía de progreso, armonía, paz social y desarrollo compartido. Quienes con visión universal hacen una evaluación del sistema concluyen que éste es bueno pero necesita humanizarse.

Como diría Octavio Paz: "El mercado es un mecanismo que ignora la justicia y la piedad. Debemos humanizarlo".

O como decía Ernesto Zedillo, expresidente de México: "Los mexicanos queremos y lograremos una economía de mercado con corazón y rostro humanos, con sensibilidad social. Una economía de mercado que sirva eficazmente para apoyar a los más necesitados".

En un entorno globalizado, con tantas carencias y tantas oportunidades, se requiere con urgencia complementar nuestro frío sistema de mercado con uno que tenga el cálido enfoque hacia las realidades sociales. Si proclamáramos que queremos una economía de mercado, pero con responsabilidad social, pronto nos cuestionaríamos qué es lo que hay que hacer y llevaríamos a cabo una dramática transformación, aunque sea gradual. Dicha transformación no sólo provocaría que hubiera personas menos pobres sino también más felices, responsables y productivas, lo que daría lugar a que se formara un círculo virtuoso de mayor producción, mayor satisfacción de las necesidades de la sociedad y mayor desarrollo.

Las aspiraciones y necesidades de los seres humanos no tienen límite. Al multiplicarse los individuos aumentan las necesidades. Por otra parte, los bienes naturales, como aparecen a primera vista, poseen sólo una capacidad limitada, y muchas veces perecedera, de satisfacer las necesidades de la humanidad.

De esta evidencia surge el llamado problema económico. ¿Cómo aumentar la utilidad o potencialidad de los bienes naturales para satisfacer las crecientes necesidades humanas? La respuesta a esta pregunta es: a través de la empresa.

La empresa surge justo para dar solución solidaria al problema mencionado, como una institución fundamental de la vida económica y social.

Estas instituciones están integradas por los siguientes factores:

○ Los que aportan espíritu emprendedor, capacidad directiva, visión a largo plazo, innovación y trabajo operativo.
○ Los que aportan capital para el logro de objetivos económicos y sociales, tanto externos como internos.

Como invención solidaria de seres humanos para servicio de otros seres humanos, los objetivos económicos y sociales —internos y externos— de una empresa están ligados de manera inseparable. La organización deberá buscar todos esos objetivos e integrarlos de manera armónica. Así asegurará su permanencia sana y llegará a ser altamente productiva y humana.

La empresa es el invento al que las personas recurrieron con el fin de multiplicar la capacidad de los bienes naturales para satisfacer las necesidades de la humanidad. Durante este proceso la empresa y el hombre experimentaron una evolución social hacia el logro de sistemas más libres y más humanos.

La empresa, constituida y dirigida por seres humanos, tiene una moral. Del mismo modo que es una persona jurídica, en el orden de los derechos y deberes frente a terceros y frente al Estado, lo es también, por las mismas razones, frente a Dios.

La empresa, constituida por sus dirigentes, propietarios y colaboradores, tiene alma y en sus actos ejerce responsabilidad. La responsabilidad social representa, fundamentalmente, respetar a las personas: no engañarlas, no aprovecharse de ellas, no usarlas. La palabra *empleado* puede sustituirse por *usado*, eso es lo que no hay que hacer. No hay que usar a las personas: ni a los clientes, ni a los proveedores, ni —desde luego— a los colaboradores.

La empresa debe servir a la sociedad. Este servicio se logra mediante su influencia en la comunidad y en el medio ambiente y mediante sus relaciones con el gobierno.

¿Cómo sirve la empresa a la sociedad?

- Brindándole los bienes y servicios que verdaderamente necesita, al costo y con la calidad debidos.
- Creando un valor agregado que permita la justa remuneración de la gente.
- Siendo responsable socialmente en los aspectos políticos y ambientales.
- Remunerando a las personas involucradas y creando riqueza que debe aplicarse en el pago de impuestos y en todo lo demás.

Por otra parte, toda empresa tiene una finalidad que es la razón por la cual fue creada. Dicha finalidad cumple, a su vez, un doble objetivo que no puede anularse: uno económico y uno social.

Para que la empresa de nuestros tiempos realice su función social, es evidente que debe alcanzar sus metas: las económicas y las sociales.

El sistema socioeconómico en el cual se desempeña, el entorno, los principios administrativos, las costumbres y tradiciones de una empresa, tienen, sin duda, una fuerte influencia en su fisonomía, pero el empresario, a fin de cuentas, imprime su sello particular a su organización.

El empresario crea, innova, aglutina, concilia, multiplica, arriesga, sueña, acerca, produce riqueza, crea empleo y hace posible la sinergia. Puede hacer mucho bien, puede dejar de hacerlo y también puede provocar grandes daños. Por eso afirmamos que el empresario tiene una gran responsabilidad y que, por lo tanto, siempre debe estar a la altura de su gran misión: servir bien.

Es evidente que a la empresa actual, a pesar de los enormes avances tecnológicos y sociales, aún le queda mucho por hacer para estar a la altura de su misión.

Éste es el punto medular: por ello la empresa debe transformarse para no hacer cosas con los hombres, sino hacer hombres con las cosas.

La transformación tan necesaria de la empresa sólo será posible a través de sus líderes, que con corazón, inteligencia y visión se lanzan a esa labor que requiere preparación, conciencia, comprensión, generosidad, audacia, fortaleza y paciencia.

Capítulo 4
Filosofía de empresa

CON ALTOS VALORES Y PRINCIPIOS

En este capítulo comparto con usted, apreciado lector, conceptos y pensamientos míos publicados en la revista mensual de Grupo Bimbo durante el periodo en el que ocupé la Dirección General (1980 a 1997).

Los alterno con otros conocimientos que adquirí a lo largo de toda mi experiencia como empresario. Espero le sean útiles; mi propósito siempre ha sido aportar consistencia, sustancia y valor de formación al transmitir mis ideas.

LA PERSONALIDAD

Cada uno de nosotros tiene lo que llamamos personalidad. Hay quienes muestran una personalidad débil y casi pasan inadvertidos. Algunos —puede ser una anciana, o una joven señora, un muchacho obrero o un profesional— poseen una personalidad fuerte que llama la atención, por su porte, su mirada, su lenguaje y sus actitudes. Destacan por ese algo especial que los caracteriza.

Por lo general, las personas de recia personalidad son aquellas con convicciones sólidamente cimentadas, con ideas claras, que saben con certeza lo que persiguen en la vida. Hay quienes aprovechan esa fuerza para hacer el bien y servir a la humanidad, pero por desgracia también hay quienes la usan para engañar y dañar a los demás.

La personalidad es algo que se puede cultivar. Es cuestión de pensar, de meditar y de actuar con congruencia.

LA EXCELENCIA

Es hermoso encontrarnos con alguien o con algo que podamos calificar de excelente. Cuando esto ocurre nuestro espíritu se llena de fe, se acrecienta nuestra confianza y sentimos la necesidad de expresar nuestro reconocimiento. Reconocemos la excelencia cuando lo que evaluamos se sale de lo común, resalta entre la mediocridad y se pone por encima de las actitudes egoístas o burocratizadas. Ojalá pudiéramos decir a menudo, y de muchas personas:

- *¡Es una persona excelente!*
- *¡Es un trabajo excelente!*
- *¡Qué actitud tan agradable!*
- *¡Es un servicio increíble!*

La dedicación y el empeño que pongamos en lo que nos corresponde realizar, el sincero deseo de ser útiles al efectuarlo y el hacer un poquito más de lo que se espera acerca mucho nuestros resultados a la excelencia. En Grupo Bimbo no queremos ser del montón. ¡Buscamos la excelencia!

SER MÁS

Cada vez que nos planteamos preguntas fundamentales como: "¿Por qué existo?" o "¿Para qué estoy aquí?", nos sentimos embargados por la duda y la dificultad para penetrar con seguridad en estos campos relacionados con la filosofía y lo sobrenatural. Como no podemos darnos una respuesta clara y terminante, casi siempre acabamos convencidos de que nuestro papel y nuestra misión consisten en perfeccionarnos, en ser más.

Ser más es ser mejores, es crecer en todos los órdenes; y todo ello, no sólo sin perjudicar a los demás, sino contribuyendo a su bien, al bien común. Si en verdad vamos por ese camino, nuestro yo interno y nuestra conciencia nos lo harán sentir en todo momento.

Ideales y objetivos

Muchas personas obtienen muy poco de la vida porque no saben con claridad lo que quieren. Algunas desean muchas cosas... tantas que no se enteran bien a bien de lo que en verdad les interesa. Otras simplemente no saben para qué están aquí, ni a qué deben aspirar.

La experiencia nos dicta que la única manera de alcanzar el triunfo es definir con absoluta claridad lo que queremos. Es decir, fijarnos objetivos precisos, así como un ideal claro y conciso. El que sabe lo que quiere... el que sueña y se visualiza ya en posesión de aquello que anhela, está cerca de lograrlo. Si hacemos un esfuerzo sincero para definir nuestros ideales tendremos ya la mitad del camino andado para alcanzarlos.

Paz interior

Es quizás el objetivo más genuino del ser humano. La paz, en lo más íntimo de cada uno de nosotros, puede muy bien ser la verdadera felicidad que añoramos. Sin embargo, no viene gratis; hay que buscarla sin cesar, inteligente y calladamente. La paz se encuentra cerca de la reflexión, del esfuerzo sencillo y constante, de la capacidad de saber dar, de la rectitud de intención; y se encuentra lejos de aquellos que anteponen su egoísmo, que sólo se esfuerzan por recibir, que no saben oír, que no quieren perdonar. Son muchos, por desgracia, los que anhelando la verdadera paz interior creen que la encontrarán satisfaciendo ambiciones o caprichos pasajeros, con lo cual sólo consiguen desasosiego y frustración. La paz interior es un don delicado que sólo florece dentro de una conciencia tranquila y sana.

En la famosa novela *Juan Salvador Gaviota* leí una frase que decía: "Cuidado con lo que rezas y lo que pides cuando rezas, porque se te concede". Y es que nuestro creador nos puso en este mundo pero no nos va a dar nada, nosotros tenemos que conseguirlo. Entonces, si rezamos y pedimos, en el fondo estamos fortaleciendo nuestra voluntad de que lo que pedimos se realice. Y creo que a nosotros se nos concede porque le echamos muchas ganas.

EL PRECIO DEL ÉXITO

Es posible asegurar, sin temor a equivocarnos, que la mayoría de los hombres anhela el progreso y el éxito. Pocos, sin embargo, están dispuestos a pagar el precio. En mi opinión, este precio consiste fundamentalmente en:

1. Definir con claridad y precisión nuestras metas.

2. Trabajar con eficacia; buscar que nuestro trabajo sea productivo; hacerlo cada día mejor.

3. Ser constante, tenaz, no desanimarse ante los obstáculos, buscar hasta encontrar.

4. Estudiar, superarse, leer, interesarse por las cosas, preguntar. Nadie nace sabiendo y nunca es demasiado tarde para empezar.

5. Ahorrar en forma sistemática, no despilfarrar y no desanimarse, pues varios poquitos hacen un mucho.

Aunque aparentemente se logre poco y el esfuerzo parezca excesivo, es seguro que a la vuelta de los años, casi sin darnos cuenta, habremos progresado mucho y habremos alcanzado el éxito.

UNIÓN SOCIAL DE EMPRESARIOS MEXICANOS

Nuestra empresa se forjó en el trabajo, en la búsqueda continua de la mejor manera de servir bien.

En 1963 mi hermano Lorenzo y yo ingresamos a la usem (Unión Social de Empresarios Mexicanos), que tiene como objetivo:

Unir, orientar y motivar o los dirigentes de empresas hacia la construcción de una empresa más justa y más humana.

Mediante el contacto con otros empresarios, en la usem conocimos los altos principios y valores de la Doctrina Social Cristiana, plasmados en varios documentos pontificios que reafirmaron en nosotros una serie de principios que nos han ayudado a orientar nuestras decisiones cotidianas como empresarios y a trazar las políticas centrales de nuestra filosofía empresarial.

La usem instituyó el Curso de Formación Social para Dirigentes de Empresas, que consiste en 34 conferencias y mesas redondas sobre los principios de la Doctrina Social Cristiana, como son:

- La dignidad de la persona.
- La subsidiariedad.
- El bien común.
- El valor del trabajo.
- La libertad.
- La justicia.

Desde entonces en Grupo Bimbo instituimos el requerimiento de que todo directivo asistiera a dicho curso, con el fin de fortalecer su formación y, al mismo tiempo, de asegurar en lo posible la congruencia de nuestra empresa con estos altos principios y valores morales de carácter universal.

En esencia, el pensamiento social cristiano sostiene que todos necesitamos del consejo de otros, de la fraternidad humana y la ayuda mutua. Los colaboradores deberán participar activamente en la empresa donde laboran, de modo que ésta se convierta en una auténtica comunidad humana; en la que puedan participar en la propiedad, los beneficios y la gestión, sin perder la necesaria unidad de dirección.

Este pensamiento busca que el colaborador sea un socio y no un ejecutor silencioso; que no sea un simple instrumento de producción al que no se le reconoce lo suficiente su dignidad de persona humana, ni se le da la facilidad para ejercer su responsabilidad, expresar su iniciativa y perfeccionarse a sí mismo.

En la empresa hemos apoyado nuestra filosofía de participación del colaborador, fundamentalmente en los principios de dignidad de la persona, valor del trabajo y subsidiariedad.

No se puede pretender transformar a la empresa sin contar con una idea clara de lo que se busca, con una filosofía, un ideal de cambio. Quienes emprenden esta tarea pronto descubren que se requieren fundamentos sólidos, apoyados en principios universales, que giren alrededor del hombre. Aquí es donde aparece, casi única dentro de las filosofías humanistas, la Doctrina Social Cristiana, como una rica fuente de inspiración.

PRINCIPIOS Y VALORES CENTRALES

El hombre, a diferencia de los animales y de las demás criaturas, desde muy joven va evaluando una serie de principios morales que con el tiempo hace suyos, los cuales, junto con otras convicciones, conforman su escala de valores. Si me preguntaran qué entiendo por valores fundamentales, me atrevería a contestar que son aquellos por los que un hombre debe estar dispuesto a dar la vida si fuera necesario. Son estos valores los que orientan la conducta y la fuerza de voluntad, los que inyectan al hombre su dignidad y su fuerza, los que le dan sentido a la vida humana. Los verdaderos valores no sólo engrandecen al hombre, sino que conservan sana a una sociedad.

En mi caso personal, en mi jerarquía de valores en primer lugar están:

○ Mi fe, mi religión, mi Dios.
○ Mi responsabilidad, mi relación y mi entrega a mi esposa, por encima de mis hijos, por encima de mi trabajo. Los hijos se van, los míos ya se casaron y se fueron, y ella sigue conmigo.

○ La relación con mis hijos.
○ Mi trabajo.

Otros valores de gran importancia para mí son:

○ **La honradez.**
○ **La honestidad:** ésta tiene muchos nombres, pero todos significan lo mismo.
○ **El trabajo.** Es lo único que le da dignidad a una persona. Si alguien no trabaja, haga lo que haga, aunque le dé todo su dinero a los pobres, si no genera algo en beneficio de los demás con su sudor, con su trabajo, con su inteligencia, es un parásito, es una persona que no da.
○ **El respeto.** Es lo que podríamos llamar el conjunto de valores familiares, el conjunto de valores personales, como el respeto a las demás personas.
○ **La integridad,** algo simplemente universal y fundamental. ¿Cómo puede uno ser íntegro si no es fiel a su esposa, cómo puede ser íntegro si hace trampa en la empresa, si no ayuda a quienes tiene obligación o necesidad de ayudar?

Integridad

Una de las virtudes más bellas del ser humano es la integridad. Es la virtud que define a una persona, grupo o sociedad que se comporta con estricto apego a sus valores más altos.

Una persona es íntegra cuando practica de manera sistemática la justicia, la equidad, la verdad y la honradez. No puede ser íntegro quien roba, quien saca ventaja de su posición, quien engaña, quien se aprovecha de los demás.

En el mundo, por desgracia, existe más corrupción que integridad. Lo peor es que han sido los gobernantes los que han encabezado esta vergonzosa manera de ser, y son muchos de todos los sectores, quienes la practican, a veces sin estar conscientes de que es un mal que daña gravemente a nuestra sociedad y a nuestro país. Muchos de los problemas que nos aquejan son fruto directo o indirecto de la corrupción. No será fácil erradicarla, pero ya es el momento de hacerlo.

En mis viajes a las plantas del Grupo; en mi contacto con los gerentes, repetidamente escucho comentarios como: "¿Qué hacemos para que la empresa conserve siempre sus valores? ¿Qué hacemos para no salirnos del camino que hemos recorrido, quizá con cierto éxito?".

Sin falsa modestia, el Grupo ha logrado avances en este orden de aspectos morales y sociales.

Filosofía de la empresa

- Se busca activamente el respeto a todas las personas, se espera justicia en todos los actos, se promueven la confianza y el afecto.
- Se procura mantener un clima de trabajo que se distinga por la honradez, la integridad y la verdad.
- Cuidamos nuestra publicidad, nos resistimos a la tentación de hacer anuncios con contenidos de violencia, sexo, procacidad o vulgaridad, aunque se considere que éstos venden más. Nuestro firme propósito es que nuestra publicidad no resulte ofensiva para nadie.
- Cumplimos con los principios y requerimientos medioambientales, y en algunos aspectos vamos más lejos de lo que dicta la ley. Estamos estrechando las relaciones con nuestros proveedores, buscando que sean justas, que no por el volumen de compras que hagamos abusemos de ellos, como por desgracia ocurre en otras empresas. Queremos sostener una relación de "ganar-ganar".
- Respetamos la legitimidad de los sindicatos. Los sindicatos con los que nos relacionamos son fuertes, defienden y comprenden su papel. Podemos afirmar que son agrupaciones honestas, transparentes, y me parece que no muchas empresas, ni muchos países, pueden sostener lo mismo.

La relación con los sindicatos es fundamental. En Harvard nos daban una clase sobre cómo defendernos de los sindicatos, y yo me desesperaba con el profesor: "¡Pero lo que usted sugiere es fomentar una relación de contrarios! Habla de la lucha de clases". Nuestra opinión es totalmente opuesta: la relación debe ser fraternal, de colaboración, trabajo, afecto, ayuda, apoyo; no de lucha. Por desgracia, la naturaleza humana requiere esos frenos, y el sindicato es útil para eso, cumple una función.

Nuestra manera de pensar es que el sindicato es necesario, hay que reconocerlo, respaldarlo, respetarlo. Y tiene que ser una representación limpia y honesta, profesional, capaz, que busca la colaboración. Desde luego que defiende los derechos de sus agremiados, lucha, busca el beneficio de su gente, pero lo hace con honradez. Como respuesta, nosotros colaboramos intensamente en su desarrollo. Los apoyamos económicamente, de manera abierta, con cursos, con respeto y aceptación. En todas las fábricas hay una oficina para el representante sindical.

Nuestra relación con el sindicato es excelente. Eso es necesario con más de 137,000 personas trabajando en el Grupo; si nuestra relación laboral no fuera la adecuada, enfrentaríamos innumerables problemas. En muchas empresas no se maneja bien el aspecto laboral, se tiene una relación de contrarios y no de colaboración, lo cual redunda en resultados negativos y nocivos para la organización.

Nuestros esfuerzos se han visto recompensados: en 1994 la ANTAD nos concedió el premio al mejor proveedor, en 1996 la revista *Expansión* nos mencionó como una de las empresas más admiradas, y en las mismas fechas la compañía internacional Arthur D. Little nos informó que habíamos sido escogidos en el ámbito mundial como la empresa *The Best of the Best* (Lo mejor de lo mejor) y que tendríamos que ir a Boston a recibir el nombramiento. Todo esto nos va creando una leyenda, que por un lado es alentadora, y por otra nos compromete a ser congruentes con la imagen que la gente se ha formado de nosotros. Debo decir que, año con año, estamos recibiendo reconocimientos que nos alientan y nos enorgullecen. En 2022, por sexto año consecutivo, la empresa fue incluida en el listado de las Empresas Más Éticas del Mundo, elaborado por Ethisphere Institute.

Dignidad de la persona

Éste es el principio o valor central, el origen de los demás principios sociales, como la solidaridad, la subsidiaridad, la libertad, el bien común y la justicia.

Es también el principio donde han de converger, en último término, todas las acciones de la sociedad.

Ya mencionamos que la humanización de los sistemas socioeconómicos es la gran necesidad de nuestros tiempos. El desarrollo económico debe ir en pos del desarrollo humano, siendo éste a la vez el motor de aquél.

Considerar a la persona como fin y no como medio marca toda la diferencia en la vida de un ser humano, de una empresa y de un país.

Si tratamos al otro como "cosa", podríamos decir que nos "cosificamos" a nosotros mismos. Con ello perdemos la relación persona-persona que favorece el crecimiento mutuo y la cambiamos por la relación cosa-cosa, origen de la mayoría de los males de la humanidad.

Mi hermano Lorenzo me comentó en una ocasión:

—Oye, qué suerte tenemos, al conversar con un colaborador del Grupo me di cuenta de que, además de ser inteligente, leal y profesional, es una persona con altos valores familiares, que siente un profundo respeto hacia su mujer y sus hijos.

—Yo creo que no es suerte —contesté—, es muy importante que nosotros atraigamos a ese tipo de personas y que hagamos lo posible por crear y mantener un ambiente sano.

Pretendemos convivir en el seno de nuestra familia empresarial con personas impulsadas por valores similares a los nuestros, cuyo liderazgo sea fruto de su integridad, de su capacidad de dirección y obtención de resultados, resultados positivos para todos: para la empresa, los consumidores, el personal; en fin, para el bien común.

El principio del respeto a la dignidad de la persona significa que el hombre tiene derecho a ser respetado y tiene la obligación de respetar a los demás.

El principio de la dignidad de la persona afirma este carácter del hombre, por tratarse de un ser individual, dotado de razón y de voluntad libre, creado a semejanza de Dios y con un destino eterno. Por esta dignidad, el hombre debe respetarse a sí mismo, respetar a los demás y exigir ser respetado. La calidad de persona le confiere el derecho de labrar su propio destino, así como de participar en la empresa donde trabaja.

La dignidad de la persona deberá ser entendida y vivida por todos los integrantes del equipo. Para entenderla se requiere comprender primero lo que son la individualidad, el respeto y la reciprocidad.

- La **individualidad** nos ayuda a saber que cada persona es diferente; sin embargo, esta situación no implica que sea tratada de manera diferente que los demás.
- El **respeto** es una observancia o consideración hacia las personas. Puede demostrarse en muchas formas, y una es la individualidad de los demás. Por ejemplo: el respeto por el color de piel, la raza, el lugar de origen, el sexo, la estatura o cualquier otro factor de individualidad se relaciona con la comprensión de la dignidad humana.
- La **reciprocidad** es propiciada por el mutuo respeto y el entendimiento de ambos lados de la dignidad del otro.

Solidaridad: compartir en comparación con competir

Gran parte de la orientación que recibe la humanidad en nuestros tiempos apunta hacia la competitividad. Desde nuestra niñez, en la escuela, en los deportes y en la misma vida hogareña, se nos enseña que debemos ser mejores que los que nos rodean.

Parece que nuestra realización dependiera de nuestra capacidad de triunfar sobre los demás; es decir, que sólo podemos alcanzar el éxito a costa del fracaso de los otros.

Sin embargo, no es así. La felicidad de la humanidad está condicionada a los deseos de superación del hombre, pero no compitiendo, sino compartiendo con los demás.

La familia, la escuela y la sociedad deben reflexionar y cambiar ese modelo de competencia, sustituyéndolo por uno más acorde con la dignidad humana, buscando que nuestros esfuerzos de superación nos unan en vez de dividirnos.

El principio de solidaridad evidencia nuestro carácter de hermanos, así como la necesidad y la obligación de apoyarnos y ayudarnos. La solidaridad no se demuestra sólo cuando la otra persona enfrenta grandes problemas, está en desgracia o clama por nuestra ayuda. La solidaridad entraña entender la condición del otro y querer ayudarlo, aun cuando él no lo pida. En él están implícitos la empatía, el servicio, la cooperación, la solidaridad y la disposición para compartir.

Antes de poder ser solidarios con alguien, de poder trabajar con él a la par, hombro con hombro, es indispensable entender lo que siente y por qué lo siente, comprender sus motivaciones y objetivos. Una vez que logremos establecer empatía con alguien, será necesario disponernos a ayudarlo sirviéndole, así como cooperando y compartiendo con él. De nada nos valdría entender cómo se siente si después no lo ayudamos. En resumen, dicha ayuda solidaria puede brindarse:

Cooperando: entendiéndola y trabajando con ella en equipo.

Sirviendo: ayudando a la persona a realizar algún trabajo o labor.

Compartiendo: permitiéndole que goce de nuestros bienes materiales o inmateriales.

Ayuda solidaria

La empatía significa "ponernos en los zapatos del otro", comprender lo que piensa, pero desde su perspectiva, asumiendo su papel.

La empresa, por su capacidad de influencia social, puede fomentar este principio de solidaridad en su comunidad. Por ejemplo en 1995, un año especialmente difícil en la economía de México, distribuimos entre nuestros colaboradores el documento que a continuación transcribimos con el fin de involucrarlos en la forma de pensar y en las acciones que considerábamos necesarias en ese momento de crisis. Conservamos el lenguaje coloquial con el que se redactó buscando que fuera comprensible para todos.

PREOCUPARSE O ACTUAR

A todos nos preocupa el panorama económico de nuestros países. Pero como de nada sirve solamente preocuparnos, es necesario comentar lo que conviene hacer. Desde luego que no todos debemos hacer lo mismo, ya que hay algunos con responsabilidades más directas y específicas, pero sí hay cosas que todos debemos hacer. Es necesario:

○ Trabajar con redoblados bríos; tenemos que ser más eficientes... Los países con economías sanas guardan un profundo respeto por el trabajo productivo.

○ Cuidar el gasto; analizar bien en qué gastamos nuestro dinero. Es un momento de prudencia y austeridad.

○ Estar informados, atentos a los acontecimientos y decididos a externar nuestra opinión. Recordemos que los pueblos tienen los gobiernos que se merecen.

○ Respetar y exigir que se respeten los valores superiores. Una sociedad que permite y acepta la corrupción, termina por corromperse. Una sociedad sin valores es presa de los bajos instintos, del desorden y de actitudes que no elevan y que envilecen. Una sociedad envilecida no puede progresar sino declinar.

En una circunstancia tan difícil para México no debemos dedicar tiempo a la crítica estéril sino al esfuerzo continuado que es positivo y creador. En esta organización, a pesar de los pesares, tenemos fe, estamos empujando para adelante y queremos ayudar a construir un México mejor.

SUBSIDIARIDAD

> *Los problemas son al alma como el alimento al cuerpo. Por ello, el mayor robo que se le puede hacer a una persona es robarle los problemas.*
>
> ANDRÉS RESTREPO

El principio de subsidiaridad promueve las posibilidades de desarrollo humano y propugna por que se permita la acción del nivel menor y que el mayor sólo intervenga cuando sea necesario.

El principio rige las relaciones de todo subordinado con sus jefes o superiores; implica no sólo que el de nivel mayor no haga lo que el de nivel menor puede hacer bien, sino que el primero haga sólo lo necesario y ayude y estimule al segundo para que haga lo más posible por sí mismo. Este tipo de relación debe funcionar en la empresa, entre maestros y alumnos, padres e hijos y gobernantes y gobernados.

LA FELICIDAD

Es indudable que toda actividad realizada por los seres humanos va encaminada a un fin primordial: encontrar la felicidad. También es indudable que muchas personas nunca la encuentran. Esto se debe, en gran medida, a que confunden los términos; creen que felicidad es placer, alegría, gozo. Otros la buscan directamente, sin percatarse de que la felicidad no se obtiene sino como una consecuencia. Es la satisfacción que se siente al ir realizando, y después concretar, aquellas cosas sencillas y nobles que nos exige lo cotidiano. Iremos encontrando la felicidad si hacemos lo que debemos hacer, si estamos donde debemos estar, si esperamos lo que debemos esperar.

Primero cumplamos serenamente con lo que sentimos que es nuestra vocación y todo lo demás lo recibiremos por añadidura.

VALOR DEL TRABAJO

Se acostumbra decir que el hombre vive para trabajar o que trabaja para vivir. La realidad es que el hombre se hace a través del trabajo.

El principio del valor del trabajo, de enorme trascendencia para el desarrollo pleno de cada individuo, establece que sólo el trabajo hace digno al hombre. Plantea que el ser humano, al ganarse la vida, debe hacerlo planificando su responsabilidad de manera que al colaborador le quede muy claro lo que se espera de él. Su responsabilidad en el desempeño de su trabajo deberá emanar de un plan establecido; así, la satisfacción del trabajo no provendrá solamente de sus frutos, sino del hecho mismo de realizarlo, de crear algo, de ser útil, de poner en juego la capacidad y las habilidades de la persona que trabaja. De ahí que ésta debe tener mucho qué decir de la tarea que realiza, y ésa es justo la importancia de su participación.

El valor del trabajo posee dos caras: una para el colaborador y otra para el jefe.

Por un lado, el primero deberá sentirse contento y realizado con su labor; es importante que para él su trabajo sea valioso.

Por otro lado, es indispensable que dicho trabajo del colaborador sea valioso para el jefe. Si el colaborador no demuestra que su labor tiene un valor agregado, para el jefe ésta no tendrá valor.

En el mismo orden de ideas, no será justo que el jefe descalifique al colaborador que hizo bien una tarea, como tampoco que lo aplauda si no la realizó bien.

Para poder valorar el trabajo los jefes deberán entender con toda claridad cuál es el trabajo que realiza el colaborador dentro de la empresa y cómo éste repercute en ella. El trabajo habrá de ser evaluado por los jefes de manera transparente. El colaborador no deberá albergar duda alguna de cuál es su función en la empresa y cómo ésta repercute en ella.

Cuando el colaborador conoce cómo repercute su trabajo en la empresa, él mismo lo valora; por eso es tan importante que se le dé reconocimiento e indicaciones claras de cómo mejorarlo.

Cuando el colaborador esté satisfecho con las tareas que realice, las hará bien: si las hace bien, será más productivo o aportará más ideas para mejorar su trabajo. Las ventajas son ilimitadas.

El hombre trabaja para vivir pero, conforme resuelve sus necesidades básicas, se esfuerza también por construir un futuro y aumentar sus posibilidades de realización personal y de trascendencia. Cuanto más profundice en ambos aspectos, más pronto verá que la única manera de alcanzarlos es siendo útil y, por tanto más volcado a la sociedad a la que pertenece, y que sus más caros anhelos de felicidad sólo se cumplirán en la medida en que sea capaz de perseverar en sus esfuerzos de brindar servicio a los demás.

Si bien resulta difícil aceptar que la actividad económica del hombre es tan sana y tan necesaria como otras, es necesario reconocer que es, y cada día lo es más, una función fundamental, una obligación moral y social, así como una actividad indispensable para la vida plena y armónica. En consecuencia, la actividad económica —antes despreciada y relegada por algunos como actividad servil e inferior— se evidencia hoy como el instrumento por excelencia para alcanzar un objetivo superior: el desarrollo humano y social.

La actividad económica pone en juego todos los recursos del hombre. Sus resultados dependen de la calidad, de la cantidad y de su administración inteligente. Por ello, esta actividad, que primero fue desconocida, después despreciada y hace un siglo llevada a cabo con liberalidad o totalitarismo culpables, requiere ahora ser bien entendida y mejor aplicada porque, al ser el hombre el sujeto y el objeto, debe manejarse a la altura de su dignidad.

Si prescindimos de una definición académica, podemos calificar la actividad económica como aquella que realiza el hombre para crear y conservar la riqueza, sirviéndose de todos los recursos, aplicando su inteligencia para transformar, multiplicar, crear y conservar todo aquello, ya sean bienes o servicios, que requiere para sus necesidades fisiológicas, psicológicas o culturales.

Sin embargo, los grandes avances de la humanidad, los que marcan hitos en su historia, fueron posibles gracias a que se les destinaron bienes de capital, fruto de la actividad económica. Las grandes construcciones, las hazañas épicas, la navegación, los descubrimientos y todo lo que conocemos como progreso y desarrollo, debieron ser financiados con el trabajo y el ahorro de mucha gente. La herencia de modernidad que ahora vivimos a plenitud fue pagada por los impulsores del cambio. El Renacimiento, en particular el italiano, fue pagado —y regalado a nosotros— con recursos de los grandes mecenas romanos y florentinos.

GRANDES PENSADORES Y CONCEPTOS DE LA ADMINISTRACIÓN

A lo largo de la historia de nuestra empresa entramos en contacto con grandes pensadores y conceptos de la administración, a través de libros, conferencias y comentarios.

Tomamos de ellos algunas ideas, prácticas y recomendaciones, con las que, previo análisis en equipo, modificamos algunos hábitos y forjamos nuestra cultura.

A continuación mencionamos a algunos de ellos con la intención de que sus aportaciones ayuden a mostrarle a usted, apreciado lector, horizontes más amplios en los continuos cambios que como empresarios enfrentamos.

Peter Drucker

Para este pensador es fundamental que el colaborador:

○ Comprenda lo que hace y se interese en ello.
○ Entienda lo que sucede a su alrededor en el trabajo.

- Sepa que es miembro de una comunidad de trabajo y goce de respeto y consideración, así como de la posibilidad de intervenir en las decisiones en el seno de esa comunidad.
- Se integre a la sociedad.
- Se sienta orgulloso de su trabajo y esté convencido de que su tarea puede tener sentido.
- No se interese sólo en el salario, sino también en el trabajo, en el lugar donde labora y en el procedimiento del producto.
- Contemple la fábrica como si fuera un director.
- Esté profundamente ávido de saber del negocio tanto como sea posible.

Charles McCormick

Fue uno de los empresarios que con su método, al que llamó *Método de la Gerencia Múltiple*, contribuyó al desarrollo de la filosofía de la participación en Grupo Bimbo.

Rensis Likert

Likert nos enseñó que el organigrama de bisagra ofrece más oportunidades que el tradicional para que los colaboradores participen y se involucren. Por consiguiente, lo adoptamos para nuestras juntas de gerencia.

Douglas McGregor

En 1966 conocimos la obra de McGregor, sus conceptos del lado humano de la empresa, las limitaciones de la autoridad, la interdependencia en las relaciones laborales modernas y sus famosas Teorías X y Y sobre la conducta del personal en el trabajo. Pero, sin duda, el concepto que nos dejó mayor huella fue el de la gerencia participativa, una forma especial de delegación en la que los subordinados de todos los niveles adquirían mayor control y mayor libertad de opciones respecto a su propia responsabilidad.

El término *participación* lo aplicaba a una mayor influencia del subordinado en asuntos que estaban dentro de la esfera de responsabilidad de su superior.

McGregor sostenía que la participación es un factor que motiva a los subordinados, quienes se sienten satisfechos al descubrir que pueden enfrentar y resolver problemas con éxito, y al obtener el reconocimiento de sus compañeros y jefes, así como al experimentar que son independientes y tienen el control de su propio destino.

Lincoln Electric

Además de las personas mencionadas, en nuestra filosofía también influyeron las experiencias de participación de la empresa Lincoln Electric, de Cleveland, Ohio, las cuales fueron descritas por uno de sus fundadores en el libro *Incentive Management* (Administración por incentivos). Hasta el momento los esquemas de participación de esta empresa siguen siendo de lo más avanzado en el mundo. En ella la delegación de funciones y los incentivos directos están generalizados. Opera equipos autónomos con amplia responsabilidad y tiene planes de participación de utilidades y de acceso al capital muy sustanciosos. La *Lincoln Electric* es altamente competitiva gracias a estos programas y a su política de continuo estímulo a la productividad; además, ofrece a su personal una mejor remuneración que otras industrias del ramo.

Carlos Llano

La administración por objetivos, técnica administrativa introducida en los años setenta, fue también uno de los elementos que más contribuyeron a nuestra filosofía de la participación. Carlos Llano, del Instituto Panamericano de Alta Dirección de Empresas (IPADE), nos enseñó que la administración por objetivos, bajo pena de ser un engaño, debe tomar en serio la participación.

Su idea fundamental es que hay que otorgar mayor participación para que se tomen mejores decisiones, que conducirán a mejores resultados; esto, finalmente, proporcionará mayor satisfacción.

El trabajo, para no ser enajenante, debe facilitar la autorrealización del hombre, la cual no alcanza sólo cuando logra el objetivo, sino cuando trabaja para lograrlo. La disyuntiva popular de "vivir para trabajar" o "trabajar para vivir" es falsa ya que sólo se vive plena y racionalmente cuando se trabaja.

Otro concepto de Carlos Llano es el de que todo trabajo, aun el más elemental, posee aspectos directivos y hay que dejar que los operadores los ejerzan lo más posible. Esto, como puede verse, apoya de lleno la participación.

Shigeru Kobayashi

Este funcionario de la empresa *Sony* nos suministró también ideas excelentes sobre la participación. Kobayashi insistió en hacer significativo el trabajo y tener confianza en la gente.

Scott Myers

Las ideas de este funcionario de la empresa *Texas Instruments* nos fueron particularmente útiles. De su libro *Every Employee a Manager* (Cada empleado un gerente) recogimos el concepto de que cada colaborador debe considerar a la empresa como suya y sentir que en verdad trabaja por su cuenta. Las siguientes son algunas de sus principales observaciones:

1. La gente no se resiste al cambio. Se resiste a que la cambien. El conocimiento de esta premisa pone en evidencia la importancia de ayudar al personal a cambiar. Muchas veces el personal no recibe bien los cambios porque no entiende qué sucede, en eso radica la importancia de que la

información sea compartida. En la medida en que los colaboradores comprendan qué es lo que ocurre en la empresa, el cambio será más fácil. Deben entender a la perfección qué es lo que se va a cambiar y por qué. Una vez que lo sepan, deberán conocer, en su momento, los detalles del proyecto: cuándo, dónde, cuánto, etcétera.

2. Cada tarea es susceptible de mejorarse. Si los colaboradores y jefes entienden esta condición, se facilita el camino para los cambios. En el fondo sabemos que todo es perfectible; sin embargo, no es tan fácil aceptarlo, sobre todo si alguien más quiere perfeccionar el trabajo que nosotros hicimos. Si jefes y colaboradores comprendemos que todo se puede mejorar, tendremos la facilidad y el derecho de dar nuestra opinión para mejorar el trabajo de otros, así como para aceptar recomendaciones de superar el propio.

3. Cada colaborador tiene la habilidad básica para mejorar su trabajo (*Kaizen*). Nadie mejor que el colaborador para hacer su trabajo, por lo tanto, es él quien debe cambiarlo y mejorarlo. Muchas veces los jefes y gerentes caen en el error de querer modificar la forma en que sus colaboradores realizan el trabajo, sin contar con suficientes conocimientos sobre lo que éstos hacen.

4. A la gente le gusta mejorar su trabajo y encontrar satisfacción en lo que hace. En efecto, aunque parezca extraño, el motivador más efectivo es la satisfacción personal que se siente por el trabajo realizado. Podría pensarse que es el dinero que percibimos por cumplir nuestras labores, pero no es así. El primer lugar como motivador se lo lleva la satisfacción. Por consiguiente, debemos conceder a las personas el poder para optimizar su trabajo; permitir que tengan la responsabilidad, pero también la autoridad para mejorar algunas partes o procesos de su labor.

5. A la gente le gusta participar en grupos. Los latinos nos caracterizamos por preferir el desarrollo individual más que en grupo. Sin embargo, tenemos un fuerte sentido de pertenencia de grupo. Nos gusta estar en el grupo de la familia, de los amigos de la escuela, del trabajo. Por tanto, es importante motivar a la gente a formar grupos de participación dentro de la empresa.

6. Las mayores mejoras en el trabajo las logran quienes lo realizan directamente. Reza un refrán: "Nadie mejor que el cucharón sabe qué hay dentro de la cazuela". Imposible explicarlo mejor. El colaborador que realiza el trabajo es quien mejor sabe lo que está pasando con éste, cómo mejorarlo, cuándo debe hacer los cambios y cuándo esperar.

7. A los colaboradores se les debe ayudar a adquirir las habilidades básicas para mejorar su trabajo. Capacitación, entrenamiento o adiestramiento. Sea cual sea el nombre que se le quiera dar al proceso de cambiar la condición actual de un colaborador, en la que le falta alguna habilidad, conocimiento o experiencia, es indispensable que éste reciba la capacitación o el entrenamiento, o bien, el adiestramiento, lo que más le convenga. Dicho proceso es obligatorio para mejorar las condiciones de trabajo. Lo más importante es darle al colaborador o jefe las herramientas básicas para desempeñar su trabajo, y eso no se soluciona mandando en grupo a todo el personal a cursos de capacitación o motivación.

8. El papel del supervisor es el de asesor, consultor y coordinador. Nacido con la ola del organigrama tradicional, en el cual el cliente está abajo de toda la pirámide organizacional, y el director por encima de todos, mandando a diestra y siniestra, el supervisor debe cambiar su papel. Supervisor es quien ve por encima. Desde siempre la labor de los supervisores ha sido ver que los colaboradores cumplan con su trabajo, que obedezcan y no pierdan el tiempo; es decir, todas sus labores implican castigo y presión. El nuevo rol del supervisor consiste en ayudar, contestar y orquestar.

En su papel de asesor deberá indicar el camino a seguir y cómo andarlo. Asimismo, deberá resolver las dudas de las personas, deberá saber más que ellas, pero con el propósito de orientarlas más que de obtener poder.

9. El papel del colaborador es ser gerente de su propia área de responsabilidad. Este concepto es quizás el más difícil de captar cabalmente. Contemplamos al gerente como el individuo que tiene a su cargo a un grupo de personas; lo coordina, dirige o gestiona. Si logramos entender que un gerente es aquel que se encarga de su grupo, podemos decir que ésta es su responsabilidad. Si el gerente sólo tiene dos personas a su cargo, pero muchas actividades más que hacer, su responsabilidad serán estos dos colaboradores, más todas esas actividades, las cuales habrá de administrar, comunicar, gestionar, mejorar, etcétera. Por último, si el gerente no tuviera subordinados, pero siguiera con todas sus actividades, llegaríamos al siguiente punto: aun sin colaboradores, puede ser gerente de su propia responsabilidad.

Tanner y Athos

En 1982 se publicó el libro *El arte de la gerencia japonesa*, de Tanner y Athos, el cual confirmó nuestras ideas sobre el valor del personal en la empresa, sobre la interdependencia que existe entre todos los que trabajan en ella y la conveniencia de involucrar lo más posible a los colaboradores de la organización.

Sergio Reyes

Una señalada aportación a nuestra filosofía de la participación fue la de Sergio Reyes, el consultor de empresas mexicano, del grupo Dando. Sus orientaciones sobre cómo democratizar el ejercicio de la autoridad, tomar en cuenta la retroalimentación y flexibilizar las relaciones interpersonales fueron muy valiosas.

Su concepto del liderazgo situacional, tomado de la teoría de R. Tannenbaum y W. B. Schmidt, fue para nosotros una verdadera revelación, porque nos permitió llevar a cabo los proyectos de participación en forma adecuada para el desarrollo y maduración tanto profesional como humano de nuestro personal.

El liderazgo situacional indica que, cuanto menos maduro esté el colaborador respecto de las tareas que se le asignen, más información y control del jefe necesita. Es decir, la labor subsidiaria del jefe consistirá en llevarlo de la mano. Esto por lo general se requiere con los colaboradores nuevos, cuando a los que ya se tienen se les asigna una nueva responsabilidad o cuando se modifican los sistemas de trabajo.

En la medida en que aumenta esta madurez, disminuye el control, y el jefe va abriendo más la puerta a la participación funcional, hasta el punto en que puede delegar ampliamente, pues los colaboradores ya son maduros por completo. La falta de control no implica el libertinaje de dichos colaboradores, sino la libertad total. Ellos cumplirán con su trabajo a tiempo y de manera adecuada.

Tom Peters y Robert H. Waterman

Uno de los libros extraordinarios que alimentaron la revolución de la administración tradicional en la última parte del siglo pasado y nos inspiraron para modificar nuestra visión con miras a prepararnos para el futuro fue *En búsqueda de la excelencia*, de Tom Peters y Robert H. Waterman, editado a finales de 1982, del cual se vendieron cinco millones de ejemplares en sus 15 traducciones.

Cuando Bimbo nació, nuestro plan original era operar una empresa sana en la que se respetara a los colaboradores, con ciertos niveles de calidad, pero no con un nivel de excelencia. "La excelencia es para la General Motors, para los grandotes", pensábamos.

Pero Tom Peters nos dijo: "Tú también puedes ser excelente, con tu tamaño actual o con cualquier otro". Realizamos un cambio drástico, sin duda todo un cambio de mentalidad. Antes solíamos decir que cantábamos mal pero recio. Entonces llegó la inspiración de la excelencia.

Claro, cuesta trabajo y dinero, como lo demuestra el siguiente ejemplo:

Comenzamos a fabricar una nueva galleta con una máquina fabricada en Austria que valía un millón de dólares, una fortuna en aquella época. La instalamos en México, en Marinela, y al cabo de unas semanas de trabajo con ella, comenzó a aumentar el número de bajas de esos productos.

Nuestra norma es intentar trabajar con menos de uno por ciento de bajas. Pero en ese caso subieron a cuatro, cinco, siete por ciento. Recibíamos muchas quejas respecto a la calidad. Y descubrimos que un buen día llegó un vendedor a ver al supervisor de producción y le comentó: "Oye, los clientes dicen que las galletas están muy pálidas, a ver si las puedes hacer más doraditas", y éste sin más ni más le subió la temperatura a la máquina. El calor hizo que todas las planchas se torcieran y que la máquina se descompusiera. Le hablaron al jefe de departamento de mantenimiento, quien además de decirme lo que en verdad ocurrió, agregó: "Se acabó la máquina; si seguimos trabajando con ella, vamos a tener bajas y mala calidad". Y ¿dónde quedó la excelencia? Pues se fue a la basura junto con la máquina de un millón de dólares, y para recuperarla tuvimos que comprar otra. Antes habríamos pensado: "Ni modo", pero esta vez no lo hicimos porque queríamos que el cambio fuera total.

Otras obras en las que también se aborda el concepto de la excelencia son *Working Smarter*, editado por *Fortune Magazine* y *Pasión por la excelencia*, del mismo Tom Peters y Nancy Austin.

Philip Crosby

Los 14 pasos de Philip Crosby para la *Calidad Total* nos impulsaron, en marzo de 1985, a realizar un plan específico que firmaron todos los directivos, ejecutivos y gran parte del personal. Esta medida constituyó un parteaguas en la historia de Grupo Bimbo respecto a nuestra visión, a nuestra forma de trabajar y de administrar. Las enseñanzas de Crosby se convirtieron en una herramienta importante para alcanzar la excelencia y resolver todos los problemas de exportación que enfrentábamos.

Para ello creamos una estructura administrativa de jefes y programas de capacitación. Al principio no hicimos grandes avances pero continuamos leyendo obras de otros pensadores, mezclamos varios conceptos de calidad total y gradualmente seguimos progresando.

Llegamos a la conclusión de que **calidad total** significa, en esencia:

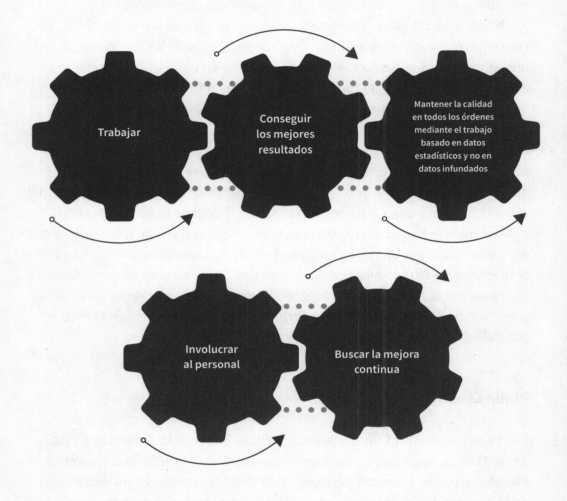

Kaoru Ishikawa, Joseph Juran y Edwards Deming

Más adelante, los pensamientos de Ishikawa, Juran y Deming, específicamente los captados en el libro sobre este último escrito por Mary Walton,
nos guiaron en el proceso de nuestro Plan de Calidad. Las ideas fueron co-
municadas a todos los jefes a través de seminarios y lecturas. Insistimos en

la formación de los jefes y en el análisis de los sistemas y procesos. Eso nos llevó después a procesos de reingeniería, pues comprendimos, como seña- la Juran, que los líderes tienen "85 por ciento de la responsabilidad". Por lo general los errores no se deben a los colaboradores sino a los sistemas, los procesos y la forma de trabajo, los cuales, en última instancia, son diseñados por la administración.

En estos procesos de calidad total y de reingeniería llegamos a la con- clusión de que las cabezas, o más bien la cabeza, es la que debe estar abso- lutamente convencida y participar de manera directa. Si la cabeza delega la responsabilidad de tomar las decisiones relacionadas con los procesos men- cionados, como ha ocurrido en otras empresas ("Vamos a formar un comi- té"), no funciona, porque ella es la única que puede tomarlas.

En el caso de Grupo Bimbo, cuando solicitamos asesoría externa para decidir si entrábamos a la reingeniería, nos presentaron varias propuestas tremendas. Una planteaba que teníamos que despedir a 5,000 colaboradores que nos sobraban, lo que desde luego no hicimos. Otra decía que teníamos que rehacer todos los sistemas. Esas decisiones implicaban millones de dólares, así que no las podía tomar alguien que no tuviera la responsabilidad y la au- toridad necesarias. La persona responsable de tomar este tipo de decisiones requiere involucrarse en todos los procesos que implican cambios importan- tes; en los que se necesita ser el ejemplo, en los que se requiere tener fuerza de comunicación para hacer que toda la gente se dé cuenta de que va en se- rio, de que es verdad.

La reingeniería nos aportó ideas extraordinarias. Yo digo que fue el *bull- dozer* que nos animó a alcanzar la calidad total. Una de las cosas en las que tuvo una influencia impresionante fue en nuestra forma de manejar nuestras decisiones importantes, ya que nos permitió darnos cuenta de que estába- mos equivocados al utilizar los conductos departamentales con organiza- ción vertical. Nuestro error era evidente, por ejemplo, cuando construíamos una fábrica, pues nuestro sistema requería mucha interacción y esto provo- caba importantes retrasos en los proyectos. Al percibir que esto debía mane- jarse horizontalmente como un proceso, nombramos a alguien para que se encargara de coordinar éste y todo lo demás. Al hacer esto logramos que el año y medio que tomaba construir una fábrica, que incluía desde la compra del terreno hasta la venta del primer producto, disminuyera a unos 10 meses.

Para hacer esto tomamos como ejemplo a la *Bell Company* de Estados Unidos, la cual al realizar su revisión de ingeniería y darse cuenta de que el proceso de instalación de un teléfono nuevo, que empezaba cuando recibía la solicitud y terminaba cuando el teléfono empezaba a funcionar, le tomaba en promedio 14 días, se dio a la tarea de reducir ese tiempo y disminuirlo a un solo día. Esta mejora no fue de 20 ni de 50 por ciento, sino de 1,000 por ciento.

Eso hizo que nos diéramos cuenta de que hay cosas que deben revisarse a fondo, porque la burocracia y la tradición hacen que las cosas se realicen de una forma que quizá no permita competir contra quien busca hacer las cosas en verdad.

En efecto, la reingeniería nos obligó a hacer cambios relevantes, formamos equipos de seis o siete personas que viajaron por todo el mundo durante más de un año y después se reunieron a revisar todos los procesos y los sistemas. Esto fue lo que nos permitió entrar a la modernidad, de otra manera nos hubiéramos quedado atrás.

Jack Welch

En la última década del siglo xx el pensamiento de Jack Welch, presidente de *General Electric*, nos ayudó a descubrir nuevas formas y prácticas en nuestra visión como empresa.

Su libro *Control Your Destiny or Someone Else Will* iluminó nuestra visión durante la década que para nosotros fue prácticamente el inicio de nuestra expansión internacional.

Capítulo 5
Hacia una transformación de la empresa

Que el trabajo no sea sólo una tarea, sino una misión, una pasión y una aventura. Para ello las metas de los colaboradores tienen que ser las mismas de quienes los dirigen. Sólo así asumirán plenamente su responsabilidad y darán lo mejor de sí mismos.

Lorenzo Servitje

NECESIDAD DE UNA TRANSFORMACIÓN

Para alcanzar sus fines y guiarse con los principios que hemos analizado en este libro, la empresa, en todo el mundo y particularmente en los "países en vías de desarrollo" o del "Tercer Mundo", debe transformarse. Y debe hacerlo en lo económico, en su manera de trabajar para obtener buenos resultados; y también, en forma muy importante, en el aspecto social.

¿Cómo transformarse en el aspecto económico?, poniendo en práctica, viviendo, volviendo realidad los conceptos estudiados, por ejemplo la reingeniería, una herramienta muy poderosa para empujar hacia la calidad total y la excelencia. Para ello hay escuelas magníficas en muchos de estos países, las cuales orientan al empresario hacia esta área. Sin embargo, en el aspecto social —salvo la usem y sus similares en algunos de estos países— no existe ninguna institución que tenga como objetivo primordial orientar al empresario hacia los valores que hemos analizado. Mucho se ha escrito respecto a cómo las herramientas de administración pueden ayudar a transformar a las empresas, pero se ha hablado muy poco de cómo se pueden transformar con base en los principios y doctrinas sociales.

Al buscar una transformación social la empresa debe comenzar por escribir sus objetivos, su código de ética, su filosofía empresarial. Si no lo hace se moverá sin orientación ni sentido, al estilo antiguo, tratando de defraudar al fisco, de pagarle poco a los colaboradores, de engañar al público, porque su único objetivo será el de ganar dinero, pagar deudas, sacar adelante a la compañía.

Por consiguiente, sin importar el tamaño de la empresa, la dirección debe escribir cómo quiere que sea su empresa en el aspecto social. Tendrá que establecer, por ejemplo: "Quiero ser una empresa honesta, justa, participativa", y otras características de tipo social.

Asimismo, puede declarar: "Quiero ser una empresa que no contamine; que participe en la política, que haga oír su voz a través de las organizaciones adecuadas, que pague sus cuotas y sus impuestos".

Para realizar una transformación primero hay que trazar lo que se quiere hacer.

Es indispensable que las empresas, sean cuales sean su tamaño y actividad, cuenten con una guía clara de cuáles son sus objetivos en todos los órdenes, sobre todo en el social. La definición clara y precisa de ciertos objetivos ha sido la gran fuerza que ha inspirado a muchas a comprender su responsabilidad en el ámbito social.

Las empresas tienen una influencia decisiva en la vida socioeconómica, influyen en el nivel y la calidad de vida, la economía, los valores, el desarrollo, la política y la paz social. En otras palabras, las que son sanas, eficientes y responsables, y operan con armonía, calidad y productividad, contribuyen a una sociedad sana y positiva.

Por el contrario, las empresas ineficientes e irresponsables, que no respetan los grandes valores, y cuyos integrantes trabajan en pugna, son precarias, improductivas y conflictivas, y propician una sociedad igualmente enferma y negativa.

Es imposible que exista una sociedad sana en donde las empresas no lo sean. Tarde o temprano empiezan a hacerse evidentes las consecuencias de una actitud empresarial miope, egoísta y sorda ante la indeclinable responsabilidad que tienen las organizaciones ante todos los miembros de la sociedad en que se desenvuelven.

Los grandes principios sociales son en realidad los principios elementales de la ley natural, congruentes con la psicología humana; por tanto, no se pueden violentar si se desea una sociedad sana.

A esto se debe el rotundo fracaso de los sistemas pendulares, los cuales han exacerbado algunos de sus postulados a pesar de que violan los derechos y aspiraciones fundamentales del hombre.

Algunas personas piensan que en la libertad todo está permitido y que los colaboradores son "libres" de trabajar o no en las condiciones que se les imponen, pero estas personas ignoran, o no quieren ver, que el desempleo, la miseria y las más apremiantes necesidades obligan a los colaboradores a aceptar condiciones de trabajo a veces infrahumanas.

En el polo opuesto están quienes piensan que las personas no pueden, por sí solas, estructurarse en sociedad como es debido. Creen que los más favorecidos usarían mal la libertad en perjuicio de los menos favorecidos y que se requiere un gobierno fuerte, totalitario, que imponga la igualdad, planifique todos los aspectos de la vida ciudadana y limite la libertad personal a favor de la de las mayorías.

Como sabemos, estos sistemas pendulares están en el proceso de naufragar.

En ambos sistemas entran en juego también la corrupción, los abusos y la dureza de corazón de quienes los dirigen. Por desgracia, en ese panorama no se viven los principios a los que antes hicimos referencia; más bien, se violan de manera evidente. No debe extrañarnos entonces que el mundo no pueda vivir en paz cuando las condiciones y el egoísmo de unos cuantos se imponen a los intereses de las mayorías desprotegidas.

Esto último pone en evidencia que toda persona que vive en sociedad debería tener clara la necesidad de comportarse con responsabilidad frente a los demás y frente a todo lo que engloba la vida social, pues una vida social armónica sólo se concibe bajo la premisa de que los integrantes de esa sociedad deben comportarse de manera responsable y estar conscientes de que deben respetar, confiar y, ¿por qué no?, mostrar afecto a sus semejantes.

El sentido común nos dice que toda persona tiene derechos de diverso orden y que debemos respetarlos si queremos que se respeten los nuestros. También deja claro que ninguna actividad humana puede fluir con eficacia si no se realiza en un ambiente cálido y confiable.

Además, la vida en sociedad sólo puede funcionar cuando existe un código de ética, leyes, reglamentos y costumbres que permiten una sana mezcla de los principios de orden y libertad, y cuando se acatan estas normas de convivencia.

Dado el escenario anterior, la empresa debe ser un caldo de cultivo para desarrollar todos estos conceptos. La razón es muy sencilla: pasamos gran parte del día dentro de la empresa, a la cual por lo regular le dedicamos más de la mitad de nuestra vida activa.

De lo anterior se puede concluir que el empresario cumple varias importantes funciones, entre ellas:

○ Es la persona que asume la autoridad en la empresa; la cual brinda un servicio que se define por el conjunto de objetivos que se ha impuesto la organización.

○ Tiene un rango de responsabilidad que abarca desde el grupo que él integra hasta la sociedad entera.

○ Es el responsable de la disposición de los bienes de la empresa; por lo tanto, ha de procurar que se utilicen con la máxima eficiencia y la mayor eficacia posibles.

○ Como dirigente de hombres, deberá coordinar e inspirar a sus colaboradores, propiciar su participación en la compañía y estimularlos a que se perfeccionen personal y profesionalmente.

○ Deberá asegurarse de que el valor agregado se reparta con justicia y equidad, de acuerdo con el desarrollo y la continuidad de la empresa y con base en los derechos de inversionistas, técnicos, colaboradores, proveedores, sociedad y gobierno.

○ Como persona, debe participar con plena responsabilidad en la vida cívica y política. De la misma manera que el hombre reconoce la necesidad de ser responsable como persona, la empresa, constituida por seres humanos y dirigida necesariamente por ellos, reconoce también que necesita actuar de acuerdo con una moral.

LOS PROBLEMAS SON OPORTUNIDADES

Son muchos los que bendicen las desgracias o problemas porque los ven como una oportunidad para superarse y hacer frente a la vida.

Y tienen razón, enfrentar las crisis, crecerse ante los problemas, aprender de ellos y reacomodarse ante lo inevitable hace que la persona madure, se fortalezca y encuentre caminos y soluciones antes insospechados. Esto se debe a que, de hecho, de las grandes crisis nacen las grandes soluciones. De lo aparentemente imposible surgen las posibilidades creativas.

Las épocas de crisis son malas para las personas pesimistas, que no tienen capacidad para soñar. Pero, al mismo tiempo, son buenas para los optimistas que las ven como un reto y como una oportunidad para madurar, así como una fuente de nuevas esperanzas. En América Latina es evidente la necesidad de modificar las estructuras que rigen a la empresa, las leyes, las instituciones y costumbres para adaptarnos a una sociedad emergente, mejor preparada, mejor informada, con aspiraciones y anhelos más definidos que los de sus antecesoras, aunque también es un hecho el que muchos de los jóvenes de la sociedad actual ven con desconfianza la actividad empresarial.

Por otra parte, la responsabilidad e inteligencia de los pueblos civilizados se demuestra en su habilidad para readaptarse sin dejar avanzar los problemas hasta que sea muy difícil resolverlos. Sin embargo, en la época actual, en la que la eficacia y la productividad son más necesarias, nuestro aparato productivo no está mostrando agilidad para adaptarse con rapidez. Las hambrunas que padece nuestro mundo se deben, en gran medida, a la baja productividad personal, no sólo porque hay demasiadas personas dedicadas a las actividades terciarias y cuaternarias, sino porque las que se dedican a las actividades primarias y secundarias son ineficientes.

Contrario a lo que muchos suponen, la falta de productividad y eficacia no se debe a que los colaboradores sean flojos o incompetentes, sino al sistema, los jefes o el estilo de liderazgo.

Es por esto que a los empresarios que tienen la capacidad para liberar los potenciales ocultos en cada persona se les abren oportunidades sin límite.

Pretender operar en un entorno en crisis sin estar dispuestos a adaptarse es suicida, y eso es lo que, por desgracia, hacen muchas empresas, grandes y pequeñas, que no han entendido ese nuevo liderazgo. Se debaten y luchan con desesperación, ya no para consolidarse y progresar, sino para no desaparecer o morir lentamente.

El fracaso de algunas en esta lucha tiene una sola explicación: *la empresa tradicional es ineficiente por naturaleza*. La administración formal, autoritaria, estructurada, padece siempre los vicios del burocratismo. Las actitudes de todos, o casi todos, son de conformismo, de menor esfuerzo, de falta de compromiso. En casos más graves hay desinterés, resistencia y conflictos.

Es necesario encontrar formas prácticas de implantar y vivir una filosofía empresarial acorde con los más altos principios. Ante toda esta problemática de querer hacer y no encontrar cómo, muchos hemos sentido que un camino seguro para aproximarse a la vivencia de estos principios es fomentando la participación. ¿Por qué la participación? En primer lugar, porque es eminentemente humana: nadie quiere estar fuera del equipo, no jugar, ser sólo un engrane.

Todos deseamos saber por qué hacemos y para qué hacemos; queremos aportar, no sólo nuestros brazos o inteligencia, sino nuestra emoción, creatividad, estilo y responsabilidad.

El sistema de contrato y salario, de división del trabajo, de poca información y de escasa o nula participación no encaja con la naturaleza humana; la contradice y la violenta, por eso no funciona. Es ineficiente, no permite la realización del hombre, sino que propicia su enajenación.

A TRAVÉS DE LA PARTICIPACIÓN

Es de todos sabido que en la actualidad Japón domina los mercados internacionales con una serie de productos que hasta hace poco eran casi exclusivos de otros países. Unos cuantos ejemplos son los relojes, los televisores, los automóviles y las cámaras fotográficas, de cuyo mercado controla un alto porcentaje. Este *milagro japonés*, que permite a ese país competir con las industrias alemana, suiza y estadounidense, que antes eran líderes, tiene sus raíces en algunos principios que los japoneses practican casi con religiosidad.

A continuación se lista y explica en qué consisten esos principios:

- **Cuidan perfectamente la calidad.** Todos, jefes y colaboradores, aúnan sus esfuerzos para que sus productos mantengan la calidad especificada. No se permiten que salga a la venta un producto defectuoso.
- **Trabajan unidos,** conscientes de que son responsables del futuro de su empresa y de su país.
- **Están bien informados** de los objetivos, las metas y los planes de la empresa.
- **Sienten confianza y una profunda lealtad** a su compañía, porque saben que su futuro está íntimamente ligado al suyo.
- **Poseen muchas otras características positivas,** como su disciplina, su laboriosidad, su precisión y su sobriedad.

Las empresas japonesas funcionan como grandes familias: todos están interesados, no en los beneficios personales sino en el bien común y el trabajo en equipo. En este estilo de trabajar hay muchas virtudes que debemos estudiar y adoptar si queremos permanecer y mantener nuestro liderazgo, y además tener un estilo de trabajo más humano y fraternal con el que todos nos sentiríamos satisfechos.

En Bimbo nos adentramos en la filosofía de los japoneses a través de Ishikawa y del programa de calidad total. Yo viajé a Japón, acudí a algunas empresas, conversé con empresarios. Quizás es un simplismo, pero pienso que el éxito del empresariado de ese país se debe más que nada a su respeto a las personas. No excluyen a su personal cuando quieren hacer algo; al contrario, lo involucran.

Los colaboradores japoneses, coreanos, etcétera, se sienten parte de su empresa, se les respeta e informa; se les permite participar. Y ellos se entregan con el alma. No están pendientes del reloj para ver si ya es hora de irse. Piensan que su empresa es un lugar que tienen que cuidar; que es parte de sí mismos; que no les va a fallar.

La *participación*, desde sus fases fundamentales, abarca por sí sola muchos aspectos de la Doctrina Social Cristiana, como el respeto a la dignidad, la subsidiariedad, la solidaridad y la justicia. Como ejemplo podemos tomar la información y la comunicación que apoyan el respeto a la persona, al darle información veraz y oportuna.

Posteriormente, la participación funcional y la participación en las utilidades apoyan los principios de justicia y solidaridad al repartir parte de dichas utilidades entre los colaboradores. Por último, las más avanzadas, la participación en la propiedad y la institucional, son la integración de toda la filosofía: los colaboradores son socios y ayudan a dirigir la empresa.

Además, la participación responde a los principios elementales de la psicología humana, a las leyes de la productividad, de la eficiencia y la eficacia. La participación en sí es sólo una herramienta, pero sus repercusiones morales y socioeconómicas son de tal trascendencia que hacen indispensables la realización de un estudio y una implantación profundos.

La implantación de una política de participación en la empresa no se puede imponer como una práctica de productividad o de relaciones laborales. Tiene que emanar como una respuesta a los cambios que la empresa necesita realizar para conformar una nueva filosofía empresarial, congruente con los anhelos de la humanidad, hacia una sociedad más libre, más justa y más humana.

Es necesario resaltar la importancia de que la participación de todos los que laboran en la empresa sea congruente con la inexorable transformación social que está ocurriendo.

Es evidente que la humanidad avanza, lenta pero consistentemente, de condiciones menos humanas a condiciones más humanas; que está creciendo en madurez, cultura, libertad y conciencia de su dignidad.

El hombre, ser superior de la creación, cuya importancia radica en que puede trascender los regímenes y las fronteras de todo tipo, ha caminado, con avances y retrocesos, hacia sus objetivos de perfección y realización. Ha logrado trascender los regímenes de esclavitud y servidumbre y, más recientemente, los de corte totalitario, pero aún le falta superar las relaciones contractuales o de salario que convierten a la persona en un instrumento más del vasto acervo de los recursos de la empresa, y la única forma en que puede lograrlo es mediante la participación. A ella deben recurrir todos los empresarios que, como nosotros, se preocupan por que exista justicia social.

Capítulo 6
Cómo avanzar en la participación

La participación no es un objetivo, es una herramienta para hacer realidad el anhelo de que los colaboradores no sean ejecutores silenciosos sino que se empapen de los objetivos y las necesidades de la empresa, para que con interés, ilusión, creatividad y capacidad se integren al esfuerzo general.

La participación es el medio por el cual se puede concretar el principio de subsidiaridad indispensable para que la gente crezca y no sea manipulada ni usada.

La palabra *empleado* es sinónimo de usado, y usar a las personas es algo negativo que la empresa no debe hacer. En vez de eso debe integrarlas para que formen parte de ella. Es por eso que nosotros llamamos *colaboradores* a quienes trabajan en el Grupo. En Grupo Bimbo hemos manejado el concepto de participación desde hace muchos años, pero en forma un tanto confusa. Andrés Restrepo, un empresario colombiano (que en paz descanse), recogió todas las ideas y las ubicó en una escalera, lo cual nos ayudó a aclararlas.

Fue así como encontramos que la participación tiene varias etapas y que éstas requieren un orden. No se pueden tomar al azar, hay que empezar por la primera y seguir un orden consecutivo.

Para que el proceso para llegar a la participación se lleve a cabo de manera lógica, armónica y eficaz, debe atravesar por las seis etapas siguientes:

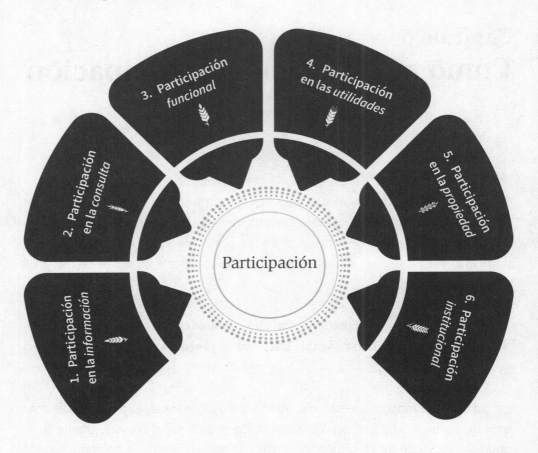

En el análisis que se presenta a continuación se aprecia que las dos primeras etapas, la *información* y la *consulta*, son fundamentales; la tercera, la *participación funcional*, es la médula del proceso; las dos siguientes, la *participación en las utilidades* y *en la propiedad*, no son tan difíciles como parecen; y la última, la *participación institucional*, si bien en la actualidad no tiene relevancia ni aplicación en nuestro medio, funciona muy bien en algunos países de Europa, particularmente en Alemania.

PARTICIPACIÓN EN LA INFORMACIÓN

Para informar se requiere transparencia; las verdades a medias son las peores mentiras.

Hablar de participación en la información significa que todas las personas que trabajan en la empresa —pequeña, mediana o grande— deben saber todo lo que necesitan. Que conozcan los planes, los resultados, los problemas, los proyectos, incluso los sueldos. Es muy difícil dar toda la información, como sucede con la información sexual a los niños, pero no es necesario decirles lo que no necesitan saber.

¿Por qué es difícil la participación en la información? Primero, porque abrirla cuesta trabajo: se necesitan tableros, boletines, juntas. Se requiere también una estructura organizacional que permita la comunicación en varias direcciones: de abajo hacia arriba, de arriba hacia abajo y de forma lateral. Se necesita orden. Eso entraña un reto. Otro aspecto muy importante a tomar en cuenta es que para poder hablar es indispensable una transparencia total. Se necesita poder decir todo a la persona indicada, de la manera adecuada y en el momento preciso.

De hecho, esta primera etapa es la más difícil porque presupone una decisión auténtica de avanzar hacia un plan de participación. Es decir, antes de dar ese paso hay que estar decidido a "echarse el clavado".

Por otra parte, informar, en el sentido que aquí se entiende, implica llevar a cabo cuatro pasos que tampoco son fáciles:

- Encontrar los medios físicos para hacerlo.
- Decir siempre toda la verdad.
- Conseguir credibilidad entre los colaboradores.
- Informar, transmitir información ordenada, sistemática, que llegue a todos sin deformaciones.

Al principio, aunque se informe con la más estricta verdad y transparencia, habrá mucha incredulidad por parte de las mayorías. Las personas con prejuicios —no gratuitos, por cierto— tardarán en convencerse de la sinceridad del proceso de participación que se plantea y en confiar en él. Sin embargo, cuando esto se consigue se abre todo un nuevo mundo de cooperación que se opone por completo a la mal llamada lucha de clases o relación de contrarios.

La maravilla de esta primera etapa de la participación es que transforma las actitudes neutras o negativas del colaborador en receptivas y de confianza. Al lograr este cambio de actitudes se consigue también que los colaboradores se involucren y anhelen trabajar hacia un objetivo común. Todo esto deberá darse respetando las condiciones necesarias.

Los medios para proporcionar esta información dependerán en gran medida del tamaño de la empresa. Si son entidades pequeñas, las juntas periódicas y frecuentes, y algún boletín de información funcionan muy bien. No debe haber rendijas en la información, pues, si esto ocurre, se pierde la credibilidad y la confianza.

Dar información veraz y completa es un requisito indispensable. La decisión de iniciar un plan de participación implica un cambio, quizá muy profundo, de las prácticas anteriores y, como ya mencionamos, no es aconsejable iniciarlo si no se está decidido a actuar con transparencia.

Informar nada más lo que conviene, ocultando deliberadamente algunos aspectos de la situación, es una manera de manipular a las personas, y éstas pueden presentir o descubrir que se les está manipulando, lo cual hará que se pierda lo que se pretendía ganar y que se desaproveche, tal vez para siempre, la posibilidad de crear una empresa verdaderamente participativa.

El sentido común indicará qué es lo que hay que informar. Se necesita comunicar a las personas las metas, planes, objetivos, resultados, problemas, oportunidades y toda la información que se requiera para evitar rumores y temores. Hay que informarles de los éxitos y los fracasos, e involucrarlas en las estrategias para que, consciente o inconscientemente, todas tiendan hacia un objetivo común. Más aún, una buena comunicación prepara para las revisiones de contrato, para las presentaciones de carátulas de resultados y para cambios de políticas.

En resumen, esta primera etapa consiste en dar a todos suficiente información, la cual debe ser veraz, completa y pertinente. La empresa debe, además, ser paciente y trabajar con tenacidad para obtener la confianza.

PARTICIPACIÓN EN LA CONSULTA

La consulta es la consecuencia lógica de una buena implantación de la primera etapa. Si las personas están bien informadas y confían en la información que se les dio, es evidente que el siguiente paso a dar es preguntarles su opinión sobre los diversos aspectos. De esta manera se abre un canal de comunicación con los fundamentos que ya todos conocen. La empresa, por su parte, seguramente se interesará en conocer cómo perciben los colaboradores las situaciones y qué ideas o soluciones pueden ofrecer. Esto dará como resultado que lo que en un principio fue información se convierta en comunicación, en apertura.

Una vez que los colaboradores están informados, cuentan con las herramientas para opinar sobre temas referentes a la empresa. ¿Quién mejor que el mismo colaborador sabe hacer sus labores? ¿Quién mejor que un chofer para conocer su camión? ¿Quién mejor que el vendedor conoce al cliente? En esta etapa los jefes deben consultar a los colaboradores acerca de diversos temas. Deben preguntar a sus colaboradores su opinión sobre las acciones que la empresa pretende emprender antes de tomar una decisión. Si bien no serán ellos quienes tomen las decisiones, sí se tomará en cuenta su punto de vista.

Al llegar a esta etapa es importante explicar al colaborador el mecanismo mediante el cual se realiza la consulta y se consideran las opiniones, soluciones, respuestas y preguntas que haya ofrecido, de lo contrario puede sentir que no tiene caso el esfuerzo y dejar de hacerlo. Es necesario explicarle de manera clara y directa cómo se llevará a cabo la sesión y cuál será su objetivo, y si el jefe toma en cuenta la opinión de alguien, es importante que se lo diga para que los demás lo sepan y se sientan motivados a seguir participando de manera dinámica y continua.

Cada etapa sirve como base para la siguiente. Por ejemplo, en la tercera etapa, la participación funcional, el colaborador deberá estar bien seguro de sus opiniones y disponer de toda la información referente a su trabajo y las relaciones del mismo. Es esencial que no sólo entienda su trabajo, sino también la forma en que éste contribuye al proceso, así como uno o dos pasos previos y posteriores.

PARTICIPACIÓN FUNCIONAL

Por participación funcional se entiende la involucración y el conocimiento del colaborador sobre los aspectos de su área laboral que le permiten realizar su trabajo y tomar, en lo personal o en grupo, ciertas decisiones o iniciativas.

Las leyes de la lógica dictan que el colaborador que realiza continuamente una función, sabe de ella más que muchos otros, y que si conoce los objetivos, y está capacitado y motivado, puede corregir sus errores y tomar las decisiones más convenientes cuando sea necesario.

Ejemplos de esa participación surgen todos los días en una empresa estructurada armónicamente, de los cuales presentaré algunos muy concretos. En 1962 quien tomaba todas las decisiones en el Grupo era el gerente general. Tenía su equipo, compuesto por lo general de cinco, seis o siete personas de primer nivel, con cada una de las cuales se reunía a distinta hora una vez a la semana. Entonces decidimos poner en práctica lo aprendido respecto a la participación y nos propusimos crear una "junta de gerencia" en la que el gerente seguiría tomando las decisiones pero, en vez de reunirse en privado con cada uno de sus colaboradores, lo haría con todos cada lunes. Así se instituyó la "junta de gerencia" con el orden del día en el que se trataban los asuntos normales de la agenda de trabajo, además de aspectos coyunturales. Las juntas de este tipo fomentan el trabajo en equipo, participativo; ya que permiten que todos conozcan la problemática de cada departamento, con lo cual se evitan chismes, rumores y dudas. Esto tiene una consecuencia maravillosa, que las decisiones sean mucho más ponderadas y mucho más inteligentes. El beneficio resulta increíble, una ganancia inmediata es que cuando falta algún gerente no es necesario suplirlo, ya que cualquiera de los colaboradores está preparado para tomar decisiones de otro departamento, y una ganancia a largo plazo es que se prepara a los que podrían ser gerentes en el futuro.

Otro ejemplo de la participación funcional en el Grupo es la forma en que resolvemos los asuntos relacionados con el gran número de camiones que tenemos en la organización. En el Grupo contamos con un sistema de capacitación y entrenamiento en seguridad muy importante para los operarios de estas unidades, y aun así, aunque nuestros índices de siniestrabilidad son bajísimos en comparación con los de otras empresas, tenemos accidentes como en todos lados: choques, muertos, volcaduras, etcétera. Antes atendíamos este aspecto de la manera tradicional: cuando había un accidente el gerente de ventas corría al lugar en cuestión a atender el problema con las autoridades y demás involucrados; en ocasiones al final se debía recurrir a un juicio para deslindar responsabilidades. Cuando el Grupo adoptó el método de la participación, los propios operadores, vendedores y supervisores crearon una comisión de seguridad y establecieron sus normas. Esta comisión se reúne periódicamente con el fin de atender y analizar las causas de los problemas relacionados con las unidades y proponer medidas para evitarlos.

La comisión de seguridad, integrada por colaboradores, casi siempre sindicalizados, opera en cada lugar donde hay camiones. En los centros de ventas, con 50 o 100 camiones cada uno, hay una comisión de seguridad que se encarga de atender sus propios accidentes sin necesidad del apoyo de un supervisor o de un gerente. Se ha dado el caso en que la propia comisión de seguridad le ha dicho al conductor que ya no puede seguir manejando.

Cuando los colaboradores están capacitados, informados y motivados, y además tienen la libertad de usar su iniciativa si es necesario, se obtienen resultados muy positivos. El hecho de que en la actualidad haya muchas funciones que están reservadas a los jefes provoca resentimiento en los empleados de menor jerarquía, lo que se puede evitar haciendo que éstas sean ejercidas por equipos responsables.

La participación funcional no es una panacea, pero sí es una de las herramientas que permite la transformación de las actitudes de los colaboradores y de los resultados de su trabajo. Una vez que se han dado los dos pasos anteriores, y que la participación funcional está funcionando adecuadamente, se producirán aumentos significativos en la productividad y, por ende, la empresa tendrá personas más realizadas y más felices.

Un requisito para iniciar la participación funcional es que se aplique el principio de subsidiariedad, el cual indica:

Que no haga el órgano superior lo que puede hacer bien el órgano inferior.

Una sana aplicación de este principio se convierte en el principal motor para el desarrollo de las personas. Les da confianza en sí mismas, les permite descubrir que pueden ser creativas; hace florecer sus iniciativas y surgir sus capacidades latentes, y las vuelve más productivas en beneficio de ellas mismas, de su empresa y de su comunidad.

Cuando no se aplica el principio de subsidiaridad se mantiene a las personas como menores de edad, sin responsabilidad, entusiasmo ni confianza en sí mismas y, en consecuencia, se obtienen de ellas resultados mediocres.

Aplicar el principio de subsidiaridad da como resultado que:

o Aflore el interés de cada uno de los colaboradores.
o Aumente su atención.
o Se les despierte el ingenio.
o Se alimente su imaginación.
o Florezca su creatividad.

Si se logra todo lo anterior, en resumen, si se trata al colaborador como persona, se puede liberar y desencadenar el enorme potencial que hay en todo ser humano. A la luz de estas realidades resulta difícil comprender que todavía existan empresarios y administradores que pretenden seguir funcionando con los estilos obsoletos de liderazgo en la administración de personal.

Por ejemplo, observamos que se sigue calificando a los colaboradores como "recursos humanos", lo cual denota que, inconscientemente, se trata al hombre como un recurso. Se dialoga con los líderes sindicales, mas no con los colaboradores; se negocia desde posiciones de fuerza; se imponen castigos; las metas, los estándares y los procesos se fijan desde arriba, lo que convierte al colaborador en poco menos que un ejecutor silencioso.

El verdadero empresario es el que trabaja hombro con hombro con su personal; el que dialoga, discute y convive con él; el que sabe encauzar sus inquietudes y anhelos.

En la empresa, vale la pena repetirlo, conviven:

○ El enfrentamiento y la cooperación.
○ La resistencia y la comprensión.
○ La lucha y la concordia.

Y en ese crisol se forja el hombre, se produce la auténtica riqueza y se desarrolla la sociedad.

Facultamiento o empoderamiento

El facultar a los colaboradores para que tomen decisiones o *empowerment* (este término se dio a conocer ampliamente apenas en los años noventa) es reflejo de la filosofía antes analizada.

El *empowerment* (facultamiento) consiste en darle poder al colaborador, es decir, en asignarle la responsabilidad de realizar tareas pero también otorgarle autoridad.

El modelo tradicional de administración de personal asigna a las personas la responsabilidad de ciertas funciones, pero no les otorga autoridad para cambiar nada referente a ellas. La participación funcional resuelve este problema, es como un facultamiento, sólo que es más elaborado y se basa en una filosofía y no en un concepto aislado.

PARTICIPACIÓN EN LAS UTILIDADES

La justicia y la equidad señalan que la productividad debe compartirse, y una manera sana de hacerlo es repartirla entre todos los factores de la producción, los cuales incluyen a:

○ Los *inversionistas*, con quienes se comparten al mejorar el rendimiento de los fondos que invierten.

○ Los *clientes* o *consumidores*, con quienes se comparten al mejorar el precio de los productos.

○ Los *colaboradores*, con quienes se comparten al mejorar sus ingresos.

Sin embargo, resulta más prudente y más justo que se compartan los buenos resultados, cuando los haya, sin que exista ese compromiso cuando no los hay.

La participación en las utilidades, que en algunos países existe por ley, es un excelente instrumento de involucración, ya que premia a todos cuando las cosas van bien y manda señales muy claras cuando marchan mal.

La necesidad absoluta de informar con verdad, que ya mencionamos, implica que la empresa proporcione esta información sobre los resultados con absoluta transparencia. No se puede mantener una relación laboral sana y un compromiso de participación de los colaboradores si éstos no tienen la certeza de que los resultados que se les dan a conocer son los verdaderos.

Algunos empresarios que tienen una visión equivocada manipulan las cifras que dan a conocer, sobre todo para efectos fiscales, y esto repercute en la participación de utilidades.

Otros actúan de una manera tan impropia como la anterior al negociar la participación de utilidades canjeándola por más días de aguinaldo o por alguna clase de bonificación, aunque las cifras, reales o alteradas, sean menores. Tal práctica sospechosa destruye la bondad de este elemento de participación, ya que le resta credibilidad y hace que se pierda el fuerte efecto motivador. Además, le quita al individuo la oportunidad de crecer y entender que cuando las cosas van bien o mal todos tienen que beneficiarse o sufrir las consecuencias.

Considerar que la participación de utilidades es una imposición legal o un problema enojoso es una visión miope. En vez de eso hay que verla como una herramienta para alcanzar la equidad, la productividad y la armonía.

Una vez que se hayan establecido las condiciones adecuadas, es decir, cuando se haya hecho un buen proceso de selección, se haya proporcionado una buena inducción, y se haya dado al personal la capacitación y el entrenamiento necesarios, se habrán dado grandes pasos para contar con una magnífica fuerza de trabajo y se habrán colocado cimientos sólidos para la buena marcha de la empresa.

Pero no es suficiente. También es indispensable que en la empresa prevalezca una excelente comunicación, que se propicie el diálogo, la involucración y la participación, que se dé al personal la oportunidad de innovar, de cometer errores y aprender de ellos; en suma, que se dé a todos los colaboradores la oportunidad de ser y sentirse parte del equipo.

PARTICIPACIÓN EN LA PROPIEDAD

En países avanzados, donde funcionan bien las bolsas de valores, los colaboradores pueden tener fácil acceso a la propiedad de su empresa, o de cualquiera otra.

Pero en otros países hablar de participación en la propiedad resulta un tema escabroso, y por lo mismo se conoce poco. Algunos empresarios de esos países lo condenan aun sin conocerlo, otros lo asocian con prácticas socialistas, y la mayoría ni siquiera considera que sea un tema que amerite dedicarle tiempo.

Intentaré probar que para los empresarios de esos países es vital considerar la participación en la propiedad si desean permanecer y progresar en el nuevo entorno que rodea al mundo occidental. Pero antes de entrar de lleno en materia adelantaré, a manera de introducción, algunas de las características de la participación en la propiedad:

○ No es fácil de implantar.
○ No es algo con lo que debemos empezar el proceso de participación; más bien, es la culminación.

- No es costosa sino altamente productiva.
- No es una práctica socialista, es más bien la defensa más inteligente de la libre empresa y la defensa más efectiva contra los totalitarismos.
- No resta autoridad al empresario, en vez de eso lo legitima y consolida su liderazgo.
- No es una aventura novedosa; es algo que está creciendo, con resultados de productividad que parecen increíbles.

Existen diversas formas, intensidades y variantes de la participación en la propiedad. El caso clásico es el de las sociedades cooperativas, cuya característica fundamental es que todos los integrantes de la empresa son dueños de alguna parte del capital. Al parecer esta modalidad sólo puede proliferar en algunos países, ya que el liderazgo necesario para formar una sociedad no abunda.

En algunos países donde el mercado de valores está ampliamente desarrollado muchos colaboradores obtienen acciones de sus propias empresas, ya sea a través de planes de opción de acciones o directamente del mercado. Este caso es muy evidente en Colombia y en Estados Unidos, aunque la mayoría de los ejemplos de este tipo de participación se limita a los funcionarios de más alto nivel.

También existe el caso de empresas que nacen como una sociedad en la que todos sus integrantes son socios en mayor o menor proporción. Este caso es más frecuente y factible cuando se trata de grupos de profesionales que se reúnen para integrar una empresa de servicios.

Y un caso más es el de las compañías que dan la oportunidad a sus colaboradores de todos los niveles para adquirir acciones. Este modelo es quizás el que más requiere explorarse. Como ya se comentó, este tipo de participación sólo puede ocurrir cuando ya existe muy buena comunicación, cuando operan otras prácticas de participación, es decir, cuando hay un buen nivel de madurez de los colaboradores, de los jefes y, en particular, de los niveles de supervisión.

Hay varias maneras de propiciar que los colaboradores ahorren para poder adquirir acciones o cualquier forma de propiedad en la empresa.

Una de esas formas es el llamado *salario de inversión*, que resulta cuando los colaboradores y la empresa pactan que una parte del salario (por lo regular una parte de los aumentos de salario) se descuente en forma sistemática y se vaya a un fondo que, con sus respectivos intereses, les permitirá la adquisición de acciones.

El salario de inversión es un concepto poco conocido. En esencia consiste en los ingresos adicionales que se paga a los colaboradores además de su salario ordinario, el único problema es que debe dedicarse exclusivamente a la inversión e inmovilizarse en ella por un periodo determinado. Este tipo de salario tiene la ventaja de que permite una mejor distribución del ingreso sin perjudicar el ahorro y la capitalización, y es independiente de la forma en que se invierta. Puede dedicarse a préstamos a largo plazo, obligaciones, acciones o certificados de inversión. Lo fundamental es que no aparezca en los mercados de consumo ni se atesore inútilmente.

Uno de los pioneros de esta forma de remuneración del trabajo fue Johann H. von Thünen, el economista alemán del siglo xix, cuya obra, por desgracia, es poco conocida y apreciada. Von Thünen observó que la insensata oposición de clases mantenía bajos los índices de producción, con perjuicio para ambas partes; y que esta oposición hacía que el patrón, al reducir los salarios, obtuviera una mayor parte del escaso producto.

Su principal descubrimiento fue que si se aprovechan las enormes fuerzas de un colaborador común y corriente, y se le da la oportunidad y los motivos para incrementar la producción, y se le permite participar en ese aumento y en reducir los costos, no sólo se puede lograr un enorme aumento en la producción sino también una importante reducción en los costos. Consideró, además, sobre todo, que este aumento en la producción se podía alcanzar a un costo más bajo si la parte que se le adjudicaba al colaborador significaba para él ahorro y propiedad. Fue una búsqueda noble para reconciliar el capital y el trabajo por medio de una nueva organización de la empresa, estableciendo un salario conformádo a la naturaleza humana. Con el fin de demostrar su teoría implementó este plan en su granja familiar y el patrimonio que con él se formó fue conservado por los colaboradores durante varias generaciones.

A diferencia de Marx, que llevó el problema de la distribución de la riqueza al campo político, Von Thünen lo conservó en el económico y, sin duda, otra habría sido la historia de los últimos 150 años si sus ideas se hubieran llevado a la práctica. Su planteamiento, cuya principal consecuencia es el acrecentamiento de la productividad, requiere que el colaborador reciba un trato humano y que realmente se integre a la empresa, vista ésta como obra común de inversionistas y colaboradores y no como un lugar en donde se da la lucha de contrarios.

La participación en la propiedad involucra al colaborador, hace que se sienta parte de la empresa. En el Grupo considerábamos que es una cuestión de justicia, pero con el tiempo nos dimos cuenta de que los beneficios que aporta son incalculables y que es, en esencia, un estímulo magnífico para el ahorro.

La única manera en que se puede crear un patrimonio es ahorrando. Siempre se puede ahorrar. En el caso de mi familia, cuando nosotros nacimos mis padres pertenecían a la clase media pobre; sin embargo, mi madre nos comentaba que siempre se buscaba tener un ahorro, por pequeño que fuera. Siempre se puede cuando se quiere y, en el caso de los colaboradores, la participación de utilidades ha resultado un estímulo impresionante para el ahorro.

Hace muchos años encontré que un ingeniero, que siempre aprovechaba las ofertas de acciones y llevaba 40 años comprándolas porque en aquella época eran baratas, tenía una cantidad considerable de acciones. Este ingeniero con el tiempo llegó a tener una muy importante participación accionaria.

En otra ocasión un obrero a quien yo contraté hace 30 años me informó que se iba a jubilar y me dijo: "Todos mis hijos son profesionistas, tengo mi casita y, como usted sabe, soy accionista. Oiga, y por cierto, ¿cuándo se es mayoritario y cuándo minoritario?". Había ahorrado 30 años gracias a la oportunidad de participación que tuvo en el Grupo.

Sin duda, lo más importante es que la gente del Grupo se siente parte de la organización. Aquí se promueven la productividad y la paz social, las personas no son ni se sienten explotadas y consideran que van teniendo éxito en la vida.

En algunos casos los colaboradores han tomado préstamos para comprar acciones de sus empresas. En otros, la compañía los ha indemnizado por su antigüedad para que destinen esos recursos a la compra de acciones. Algunas promueven la venta de acciones aprovechando la entrega de participación de utilidades o el aguinaldo anual, o cualquier ingreso adicional que perciba el colaborador.

A riesgo de sonar repetitivo, insisto en que el colaborador decide arriesgar sus exiguos ahorros solamente cuando en la empresa se ha logrado el ambiente de confianza y participación que esto requiere.

Muchas empresas estimulan al colaborador para que ahorre y pueda comprar las acciones, ya sea otorgándole algún incentivo en cuanto al precio o subsidiando el monto, o bien, prestándole con intereses reducidos para que las adquiera. Sin embargo, eso no es esencial, y la misma bondad del plan en sí hace que no se requieran actitudes paternalistas. No perdamos de vista que todo este difícil y arduo proceso de ahorro para la inversión conlleva un fondo social de profunda trascendencia. Cualquier economista sabe que no hay progreso sin capitalización y que no hay capitalización sin ahorro, el cual es la base del bienestar. El problema es que nuestros pueblos no se distinguen ni por su capacidad ni por su intención de ahorrar, por lo tanto, es aquí en donde se puede aplicar estos mecanismos de participación porque permiten y fomentan el ahorro, con el cual se puede conseguir con los años formar un patrimonio y lograr un mayor bienestar familiar en el orden económico, el cultural y el social, así como propiciar la integración familiar. Estos mecanismos se pueden considerar como la fórmula eficaz para salir del subdesarrollo. Si alguien dice por ahí que esto es verdad, pero que no es fácil, está en lo cierto. No es fácil, no se puede improvisar, pero puede y debe ser una meta si en verdad queremos una empresa con futuro.

Lo que he dicho hasta ahora no significa que creo que sea urgente o indispensable implantar un plan de participación en la propiedad, lo que afirmo es que es urgente y necesario un liderazgo que permita la involucración de todo el personal, y que para que este proceso sea auténtico, debe culminar con la posibilidad de una asociación total.

Algunos empresarios, al considerar un plan de este tipo, dudan respecto al porcentaje que deben ofrecer. Este aspecto no debe ser motivo de preocupación. Desafortunadamente siempre estamos hablando de porcentajes muy pequeños debido a la mencionada dificultad para ahorrar.

Muchos empresarios quisieran obtener una mejor respuesta de sus colaboradores y disponer así de una fuente adicional de financiamiento.

Les surgen dudas en relación con problemas de orden práctico, administrativo, psicológico, sindical, etcétera; sin embargo, cuando hay voluntad por ambos lados, siempre hay caminos y soluciones. En muchos países se presentan infinidad de casos prácticos de participación.

En algunos países existen, además, problemas de orden legal, ya que aún no se contemplan tratamientos especiales para el "accionariado obrero". Pero tenemos confianza en que las innovaciones en esta materia puedan constituir decisiones trascendentales en la vida socioeconómica de dichos países, lo cual, sin duda alguna, contribuirá a aumentar la productividad y la paz social.

A continuación se mencionan diversas empresas en las que destaca la participación de su personal:

- *Domino's Pizza*, en menos de ocho años se había colocado como la segunda compañía de pizzas más importante en Estados Unidos. Sus niveles de servicio son inauditos y está integrada por el más increíble grupo de jóvenes involucrados e ilusionados con su empresa.
- *Mervyn's*, una empresa campeona de la organización Dayton Hudson, llegó a vender en una semana lo que a sus competidores les tomó 13 semanas. Cuando se entrevistó a empleados provenientes de otras cadenas que después ingresaron a ésta, invariablemente contestaron que el cambio fue como "morir e ir al cielo".
- *Giant Food* (Washington, D.C.) tiene, por mucho, el rendimiento por acción más alto entre las empresas de autoservicio que cotizan en la Bolsa.
- *Publix* (Florida), una empresa de venta al menudeo, es pionera de la participación en la propiedad por parte de todos sus colaboradores.

○ *Milliken Co.*, una empresa textil con ventas de 3,000 millones de dólares, a partir de 1980 introdujo un agresivo programa de mejora de
la calidad apoyado en un amplio plan de participación del personal.

○ La planta *Saturno* de General Motors contempla el plan de participación más ambicioso en funcionamiento hasta hoy, conocido como el
único recurso para competir ventajosamente contra los automóviles
japoneses pequeños. Los comentaristas llaman a este proyecto "*The
boldest experiment ever in self-management*" (El experimento más
atrevido en autoadministración). Los obreros de Saturno son asociados totales.

○ *Lincoln Electric* (Cleveland, Ohio), una empresa dedicada a producir
equipos y material para soldadura, casi se está convirtiendo en mo-
nopolio porque no hay quien pueda competir con sus precios y su
calidad. Sus colaboradores, todos socios, perciben en forma de bono
anual cantidades que suman varias veces lo que obtienen por salario.

○ *Hewlett Packard, IBM, Apple Computer, 3M, Campbell Soup, Trammell
Crow, Worthington Industries, Marks & Spencer* y *Perdue Farms* son
otros ejemplos de estas industrias.

PARTICIPACIÓN INSTITUCIONAL

En la participación institucional, la representación oficial de los colaboradores, o sea los sindicatos, forma parte del directorio del consejo directivo de
la empresa. A continuación la describiremos brevemente, lo cual no implica
que estemos recomendando ponerla en práctica, de hecho en la actualidad
sólo se está utilizando en algunos (muy pocos) países con un elevado nivel
de desarrollo industrial.

Mencionamos al inicio de este capítulo que, hoy por hoy, este aspecto
de la participación no tiene relevancia ni aplicación en nuestro medio; la
realidad es que no sabemos de alguien que lo haya adoptado aquí. Además,
nuestro conocimiento del entorno y de la psicología social nos dicta que
no es algo que, para nosotros, pudiese tener interés práctico. No obstante, es

necesario extenderse sobre este aspecto, no sólo por curiosidad académica, sino porque es algo que se vislumbra en el horizonte y que entrevemos como una práctica lógica y natural cuando se ha avanzado suficientemente en los procesos de desarrollo humano, madurez y democracia sana. Visto así, es un ideal al que parece justo aspirar, aunque con sus limitaciones.

Hace años a importantes empresarios les surgió la inquietud, a través de la Unión Social de Empresarios Mexicanos de Monterrey, de conocer a fondo el concepto, saber bien a bien cómo opera la participación de la representación de los colaboradores en la alta dirección de algunas empresas en Alemania, entre ellas la *Volkswagen*. Con ese fin comisionaron a un destacado profesional para que estudiara esa operación y trajera información de primera mano. Se esperaba que a su regreso informara que esta disposición legal para las empresas de gran tamaño en realidad no funcionaba y que, si bien existían las obligaciones conjuntas de la dirección de las empresas y de los colaboradores, en la práctica la verdadera dirección ocurría en juntas privadas de los integrantes de la administración.

Para sorpresa de muchos no ocurrió así. Lo que informó es que la participación de los colaboradores en la dirección, planeación y operación de esas empresas es genuina y altamente positiva, y que las decisiones son más apegadas a la vida real, más creativas y, desde luego, más expeditas. La representación obrera entiende que no puede haber separación entre los intereses de accionistas, funcionarios y obreros, y que cuanto mejor opere la empresa mejores resultados obtendrán estos últimos.

Dado que en nuestro medio aún estamos lejos de la madurez que se requiere para aplicar este concepto, no podríamos pensar en ello.

Pero eso no debe impedir aspirar y trabajar hacia la construcción de esa sociedad más libre, justa y humana.

Capítulo 7
Una misión y un ideal

En Grupo Bimbo nuestra misión es la guía de todo lo que hacemos. Trabajar día con día para lograrla y para conseguir nuestros propósitos es la razón de ser de nuestra empresa.

SERVIR, NUESTRA RAZÓN DE SER

A finales de los años 70 Andrés Restrepo, un gran amigo y reconocido empresario colombiano, conocedor de los aspectos de la responsabilidad social, nos impartió a los directivos de la empresa, y luego a algunos ejecutivos, un seminario denominado *Foros de Empresa*.

En él se nos invitaba a soñar con la empresa que queríamos hacer dentro de una visión humana. Nos invitaba a crear una empresa a la medida del hombre.

El anhelo de ser *una empresa altamente productiva y plenamente humana* surgió en nosotros casi desde que comenzamos. Sin embargo, a lo largo de los años hemos buscado la manera práctica de institucionalizarlo. El seminario de Andrés Restrepo inspiró y reforzó muchas de nuestras inquietudes.

¡Cuán importante es que las empresas tengan un porqué más profundo para su labor!

NUESTRA MISIÓN

Una empresa debe tener algo que la anime, que le inyecte vida, que le dé sentido, un propósito que valga la pena.

Ese propósito es, en cierto sentido, una ilusión que se persigue, un porqué, un para qué.

En Bimbo esa ilusión estaba resumida desde el inicio en las palabras *Creer-Crear*, y se expresó de manera más amplia y a la vez concreta en la siguiente nota, la cual publicamos en los periódicos el 2 de diciembre de 1945:

Al iniciar hoy nuestras operaciones, queremos comunicar al público de México que nos hemos señalado como norma fabricar nuestros productos SIEMPRE DE EXCELENTE CALIDAD. Y, además, proporcionar a nuestros distribuidores y clientes el servicio oportuno y eficiente que la Ciudad de México, ya una gran metrópoli, reclama cumplidamente.

Ese propósito era la razón de ser en torno a la cual se fue construyendo la empresa. Al establecerla nos interesaba que el personal se identificara con su trabajo, con la empresa.

En muchas ocasiones esta identificación es buscada por las empresas de manera instrumentalista. Nosotros pensábamos desde el principio que esa misión era la que daría a las personas que formaban nuestra organización un motivo importante por el cual trabajar.

En mis pláticas a los jefes me gusta insistir en el sentido profundo del servicio: *Quien no vive para servir, no sirve para vivir.*

Una misión ha de llevar en su médula el sentido de servicio. Sólo así podrá aportar ilusión, a través de la cual se comprendan mejor los sacrificios que todo trabajo exige: levantarse temprano, visitar a los clientes superando las inclemencias del tiempo, cubrir turnos nocturnos, trabajar en domingo y muchos otros.

La misión es en realidad el elemento aglutinador de una empresa.

Podríamos decir también que el alma de una organización es su gente. Sin embargo, no nos estaríamos refiriendo a la cantidad de individuos que la forman, sino a la voluntad y a la pasión de cada persona por servir. Ello, realizado en conjunto, constituye el alma, el espíritu que anima a la empresa.

En los primeros 10 años de Bimbo no se hizo una definición clara y por escrito de la misión propiamente dicha. Había inquietud en los directivos acerca del respeto a las personas, el trato, la confianza, el afecto. Los conceptos estaban latentes, pero no identificados por escrito. A partir de 1962, al crearse el corporativo, empezaron a redactarse todas las normas y los procedimientos.

Lo primero que se escribió fue la filosofía de la empresa, la cual se plasmó en una frase: *Ser una empresa altamente productiva y plenamente humana*. Esa norma fundamental de la empresa se cambió hace unos años, al entrar la nueva dirección, a un cúmulo de disposiciones mucho más completo. La misión, ahora enriquecida, se expresa así:

> **Alimentos deliciosos y nutritivos en las manos de todos.**

- ○ Nuestro propósito: "Alimentamos un mundo mejor".
- ○ Filosofía: "Construir una empresa sustentable, altamente productiva y plenamente humana".

Definitivamente, una recomendación fundamental es que la misión se estipule por escrito, así como que exista un código de ética, una filosofía de la empresa, una intención de cómo se quiere que ésta funcione. La misión es la primera piedra del edificio que se va a construir. Aunque sea en una forma de lo más sencilla, debe quedar por escrito qué es lo que quiere la empresa.

Los dos aspectos básicos que hay que cubrir son: el económico (utilidades, calidad, eficiencia, servicio de crecimiento) y el humano; en este último se incluyen los aspectos sociales, de trato, de remuneración, y en general los de responsabilidad social (aspectos políticos, aspectos ambientales).

Una misión empresarial se debe redactar porque hay que difundirla, de lo contrario no funciona. Los jefes, las personas que desempeñan algún papel de liderazgo, en cualquier nivel, deben conocer, sentir, querer y convivir con estos valores. Si los jefes no los entienden, no los aceptan o lo hacen sólo "de dientes para afuera", las cosas no marcharán bien. En Bimbo, cuando vemos que algún jefe no se compromete con nuestra filosofía le pedimos que busque otra cosa que hacer: "Aquí no te vas a realizar", le decimos. El jefe de cualquier nivel tiene que ser una persona que adopte la filosofía, que se sienta parte de ella, de la manera de pensar que predomina en la empresa, que adopte sus valores. Ése es el secreto de nuestro éxito.

Si bien nuestra misión ha sufrido cambios de forma a lo largo de los años, su esencia habrá de perdurar.

EL IDEAL

Relacionado con la misión se encuentra el sentido del ideal.

Una de las mayores aportaciones que la empresa puede hacer a sus colaboradores es desarrollar un ambiente donde la persona pueda descubrir sus ideales y realizarlos.

Una persona sin ideales, sin ilusiones, está vitalmente enferma, podría decirse *sin alma*, sin algo que la anime, que la mueva.

El ideal de una empresa se expresa en su misión. De la misma manera, cada persona debe tener un ideal, y la empresa es un campo muy favorable para que lo pueda realizar. Por una parte, porque es a través de la empresa que recibe una remuneración por su trabajo, con la cual puede satisfacer sus necesidades y realizar sus anhelos. Por otra, porque la empresa puede ser un campo donde cada colaborador puede crecer al resolver problemas y relacionarse con los demás.

Las medidas, los ideales que se persiguen en Bimbo los van constituyendo todos. Es indudable que las personas bien informadas e involucradas participan, piensan, aportan. He aquí un ejemplo. Hace unos 20 años, por razones de productividad y de higiene, decidimos automatizar la envoltura de algunos productos pequeños. Entonces producíamos 10 millones de gansitos a la semana. Para la envoltura se requerían muchísimas personas, así que pensamos: "Esto tiene que mecanizarse". Viajamos a Suiza, Italia, Alemania y Estados Unidos y nunca encontramos el equipo que necesitábamos. Un buen día, un mecánico de Guadalajara hizo el proyecto y conseguimos automatizar las máquinas. Es impresionante ver cómo se alinean los productos, se acomodan, se forman, cómo se hace todo sin meter las manos.

Si nuestro personal no tuviera el interés y la motivación, si sólo estuviera mirando el reloj para irse, no hubiésemos tenido el espíritu para haber hecho esto, y como ése hay muchos otros ejemplos, uno de ellos es el de los choferes que están conscientes de que tienen que cuidar sus camiones, de que deben verificar que no se gasten los frenos y de que no deben desperdiciar gasolina.

Nuestra gente es la compañía, y a su fuerza se debe que nuestras empresas hayan aventajado a la competencia. Y yo creo que sin una filosofía clara y realmente vivida —porque tenerla escrita es una cosa y vivirla es otra— hubiera sido muy difícil competir.

> **La empresa es un campo de aprendizaje en donde la cultura y quien la forma se influyen de manera recíproca.**

FORMACIÓN DE UNA CULTURA

Mis cuestionamientos con respecto a lo que atribuimos principalmente el crecimiento del grupo y cuáles son los rasgos principales de nuestra cultura me han llevado a buscar las verdaderas respuestas.

Encontré que las prácticas que han formado la cultura de Grupo Bimbo, y han contribuido al éxito de nuestra organización, son las 10 que explicaré enseguida. Voy a describirlas brevemente para después pasar a analizar la relación existente entre éstas y nuestra filosofía. Cada una de las prácticas descritas son programas que nuestro grupo ha realizado en diferentes tiempos.

1. Selección rigurosa del personal. Desde el inicio de nuestra función como empresa hemos practicado la selección rigurosa de nuestro personal. Buscamos más actitud que conocimientos.

Al elegir con cuidado a nuestros colaboradores ahorramos mucho dinero, aseguramos la calidad de nuestros productos y un buen servicio al cliente y, además, mantenemos la productividad.

Parece exagerado lo que se logra con esta sencilla práctica, sin embargo, estamos convencidos, como ya mencioné, de que la empresa será, al fin y al cabo, como sea su gente, y su gente como sean sus jefes.

Por ello la selección de jefes reviste una importancia muy especial. Nos aseguramos de que posean la inteligencia necesaria, integridad, capacidad de liderazgo y de relacionarse bien con los demás; de que sean colaboradores y entiendan que su responsabilidad implica tener un claro sentido de negocio. Un jefe no sólo debe saber hacer bien su función, debe obtener resultados.

2. **Crecimiento.** Crecer ha sido un concepto de primer orden en el Grupo. Desde su fundación hubo interés en extender la distribución, sacar nuevos productos, nuevas líneas y entrar también a negocios de integración, que, por exigencias de calidad, uniformidad u otras, hemos considerado convenientes.

Una característica importante es que nunca hemos dejado de crecer, ni en las épocas de crisis, ni ante la competencia agresiva. Nuestra norma es reinvertir la mayor parte de las utilidades y pagar un dividendo correcto, pero nuestro objetivo es proporcionar a la empresa todo lo que necesita para modernizarse, crecer y aprovechar las oportunidades.

Esta política, en la que creo firmemente, ha sido el motor del desarrollo, de la creación de empleos y del sano y robusto crecimiento de nuestra organización.

En plan de broma solemos decir que no vemos por el espejo retrovisor y que tenemos el acelerador hasta el piso.

3. **Calidad-Servicio-Frescura.** Mantener estos tres principios en los productos es nuestro principal compromiso con los consumidores. Buscamos que todos y cada uno de los productos que entregamos sean de calidad, se ofrezcan con un buen servicio y estén frescos. Los tres factores de esta práctica deberán estar siempre presentes para otorgar a nuestro consumidor el producto que desea. De nada serviría un producto de buena calidad si cuando le llega al consumidor no está fresco, o si se le ofrece con un mal servicio.

Las ventajas alcanzadas con esta práctica son innegables: hemos logrado estar en la mesa de los hogares mexicanos y de otros países por muchos años. Nuestros productos siempre han sido frescos. Para cumplir con este cometido analizamos en forma selectiva la producción, visitamos con precisa regularidad a nuestros clientes y recogemos los productos antes de que lleguen a su vencimiento.

4. Capacitación y desarrollo. Los esfuerzos por desarrollar a nuestro personal son prioritarios. Una de las prácticas más comunes es capacitarlos, entrenarlos y propiciar su constante desarrollo. El desarrollo nunca termina; cuando un colaborador domina las funciones relacionadas con su puesto, procuramos que aprenda más de otras áreas laterales o superiores. Aplicamos constantemente el principio de subsidiaridad.

Aspiramos a que nuestros colaboradores crezcan en todos los aspectos. Para lograrlo los jefes también tienen que atravesar por una actualización continua en la que aprenden la aplicación de los principios y la filosofía de participación. Un buen colaborador es mejor en la medida en que aprende y se desarrolla.

5. Mercadeo. Esta función siempre ha sido prioritaria para el Grupo. Desde su fundación se consideró necesario diseñar productos y presentaciones que fueran aceptados por el consumidor, cuidando sus tamaños, sus envases y sus precios.

Consideramos que la publicidad honesta y las promociones interesantes son vehículos excelentes para dar a conocer y estimular la venta de cada producto.

La organización ha sido muy cuidadosa en lo que se refiere a su publicidad y promoción:

- Nos aseguramos de que lo que se afirme sea verdad y en beneficio del consumidor.
- Insertamos nuestros comerciales y anuncios en programas limpios para evitar contribuir con nuestro patrocinio a la exhibición de

programas con contenidos de violencia, desorden sexual, vulgaridad o cualquier otra cosa que vulnere los valores de la familia.

○ Buscamos una imagen limpia y familiar. Promovemos actividades familiares, donde se muestren nuestros principios, por ejemplo, apoyamos eventos deportivos y culturales.

○ Nunca permitimos que nuestra marca apoye publicitariamente actos o programas de televisión que vayan en contra de nuestros principios y valores.

○ Nos aseguramos de no invertir en ningún medio que induzca a la desintegración social.

6. Distribución. El objetivo de Grupo Bimbo ha sido llegar a todos los rincones donde tuviéramos establecidas rutas de reparto. A pesar de que existen lugares lejanos a los que ya tenemos, sobre todo al inicio de operaciones en una nueva región, buscamos cubrirlas todas. No importa si perdemos al principio, sabemos que con el tiempo se convertirán en clientes rentables.

7. Nuevos productos. Es preocupación constante de la empresa investigar y desarrollar nuevos productos para que el consumidor tenga una mayor oferta y variedad.

Contamos con centros de innovación, donde revisamos y probamos todos los nuevos productos antes de lanzarlos al mercado. Invertimos fuertemente en este renglón, pues los nuevos productos son la sangre de la empresa, los que la mantienen viva. Antes de lanzar un producto a nuestros consumidores, hacemos pruebas de mercado con el fin de conocer sus gustos y asegurarnos de que el producto tendrá aceptación.

8. Honestidad, justicia y equidad. Con esta práctica Bimbo refleja de manera directa la mayor parte de la riqueza de su filosofía. En nuestra organización pugnamos porque los colaboradores, jefes y directivos sean personas honestas.

Estamos convencidos del cáncer que representa la corrupción, por lo cual no otorgamos dádivas a cambio de lugares en las tiendas de autoservicio, tampoco sobornamos a los agentes de tránsito, ni pagamos por acelerar los trámites de permisos en agencias gubernamentales.

Procuramos ser justos y equitativos en todos nuestros tratos con el sindicato, el gobierno, los proveedores, los accionistas, nuestros colaboradores y todos aquellos con quienes nos relacionamos.

9. Austeridad. Bimbo es una empresa rentable, mas no por eso despilfarra el dinero que gana. Siempre nos hemos regido por una política de austeridad. Austeridad no significa dejar de gastar dinero, sino gastar lo necesario, sin lujos ni ostentaciones.

No ahorramos dinero en la compra de maquinaria, equipo de transporte o sistemas de cómputo. Invertimos grandes sumas en todo lo vinculado con la mejora de nuestra calidad y productividad. Sin embargo, nuestras fábricas y nuestras oficinas son áreas de trabajo que disponen de lo necesario para trabajar bien, pero sin lujo.

Esta austeridad va de la mano del ahorro y pretendemos que nuestros colaboradores también lo consideren así. Nosotros pensamos —y lo hemos comprobado con el paso del tiempo— que los lujos no son necesarios para cumplir nuestros objetivos, pues cada peso que se gasta o invierte tiene que lograr su rentabilidad.

10. Apoyo a la comunidad. Desde su fundación, la empresa destina un porcentaje de sus utilidades a obras sociales, sobre todo a las relacionadas con la educación y las necesidades del campo mexicano. Como somos un fuerte consumidor de productos agropecuarios —pues nuestros principales insumos son trigo, maíz, oleaginosas, azúcar, leche, huevo, cacao, fresa, piña, nuez, mantequilla y otros de menor consideración—, queremos contribuir en la medida de lo posible al desarrollo y la profesionalización de quienes se dedican a esta actividad primaria de gran trascendencia, y al mismo tiempo con tantas carencias y subdesarrollo. Nuestro apoyo fundamental en este aspecto ha sido a través de la Fundación Mexicana para el Desarrollo Rural, Educampo.

El apoyo a las obras de educación no es necesario justificarlo. Estamos convencidos de que la mejor inversión para cualquier país es la que se hace en la formación de los niños y jóvenes.

NUESTROS VALORES

A lo largo de nuestra historia hemos tratado este tema en diversas formas.

El objeto central de nuestros anhelos y preocupaciones son el cliente y el consumidor, el producto y las personas que forman la empresa.

Para desarrollar una cultura, como mencionábamos en páginas anteriores, no basta con buscar vivir con algunos valores o costumbres, es necesario mencionarlos conscientemente. Es por ello que el lenguaje con el que se presentan los principios fundamentales de la empresa tiene que variar a través del tiempo, pues sólo así podrán permanecer vivos para las nuevas generaciones.

- ¿Qué nos ha dado éxito?
- ¿Qué requerimos para el futuro?
- ¿Qué hemos de evitar?
- ¿En qué hemos de insistir?

Dado que quien hace la empresa es su gente, los valores que nos proponemos reafirmar deberán ser conocidos y deseados por cada uno de los miembros de la empresa, sobre todo de los jefes.

En 2010 el director general del Grupo consideró conveniente renovar la manera de presentar nuestros valores. Se representó gráficamente a los seis valores con seis círculos, cada uno iluminado con uno de los tres colores primarios o uno de los tres secundarios; éstos a su vez forman otro círculo en cuyo centro aparece, en color blanco, el valor Persona, el principio que consideramos es el inicio y fin de lo que hacemos.

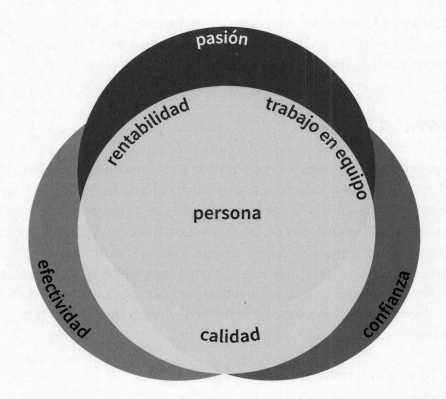

Al empezar a hacer esta representación se nos pidió a quienes hemos sido presidentes del Grupo que en lugar de dar una definición de cada valor, expresáramos alguna idea sobre uno de los valores.

A continuación presento las ideas que externamos en ese entonces.

Las primeras son de mi hermano Lorenzo Servitje y las considero absolutamente motivadoras e inspiradoras:

Pasión: "Vemos nuestro trabajo como una misión, una pasión, una aventura. Compartir esto en un ambiente de participación y confianza es lo que constituye el alma de la empresa."

Persona: "Ver siempre al otro como persona, nunca como un instrumento."

Las segundas son de Daniel Servitje:

Rentabilidad: "Es el resultado visible de todas nuestras ideas, esfuerzos e ilusiones. Es el oxígeno que permite a nuestra empresa seguir viviendo."

Trabajo en equipo: "Ágiles, activos, entusiastas, con los tenis puestos. Compartir, aprender de todos."

Confianza: "Base sobre la que se construye todo. Contar con el otro para la tarea común."

Las terceras son de Roberto Servitje:

Efectividad: "Lograr que las cosas sucedan: resultados. Servir bien es nuestra razón de ser."

Calidad: "Nuestra empresa debe ser creadora, eficaz, eficiente, productiva y con un altísimo ideal de calidad y servicio."

NUESTRA VISIÓN

- *Hacer de nuestro negocio un negocio, ser productivos.* Alcanzar los niveles de rentabilidad establecidos.
- *Lograr un creciente volumen y participación de nuestras marcas.* Estar cerca de nuestros consumidores y clientes, quienes son nuestra razón de ser.
- *Buscar que nuestro personal se desarrolle y realice plenamente* (vivir nuestra filosofía); estar orientados de manera permanente a aprender.
- *Asegurar la operación en un adecuado ambiente de control* (información, sistemas y confianza), participación y autocontrol.

NUESTRO CÓDIGO DE ÉTICA. ANTECEDENTES

A partir de la fundación de la empresa buscamos regir nuestra conducta por criterios de integridad y respeto a la persona, y ser muy firmes para no sucumbir a la tentación de adoptar costumbres "prácticas" que favorecen la corrupción y erosionan paulatinamente los valores de la empresa y la confianza.

A medida que se presentaban algunas situaciones críticas establecimos normas y criterios concretos de actuación. Ahora que abarcamos varios países hemos elaborado un código de ética que rige todas nuestras operaciones.

Antes de presentar ejemplos de nuestro código comentaré algunos casos encontrados en el camino, en los cuales tuvimos que actuar en su oportunidad con claridad y firmeza.

Algunos ejemplos son los siguientes:

- Sobornos en aduanas.
- Infracciones en carreteras.
- Relaciones con el sindicato.
- Retiro de personal sobrante.
- Mi jubilación como director general.
- Contratación y permanencia de directivos.

En el Grupo tenemos la profunda satisfacción no sólo de no haber cedido, sino de haber comprobado en cada caso que tomamos la decisión correcta, ya que nos favoreció en gran medida como se verá en los casos de los que hablaremos a continuación.

Sobornos en aduanas

En diversas ocasiones, en años anteriores, enfrentamos serios problemas en las aduanas al realizar importaciones de equipos, materiales o maquinaria. Nos decían que era necesario "ponerse a mano" para agilizar los trámites.

Sin embargo, a pesar de las presiones y los grandes retrasos y graves trastornos que esto nos causaba, nunca accedimos a hacerlo.

Siempre nos apegamos a la política de la empresa de no dar "mordidas" ni involucrarnos en situaciones que puedan calificarse como corrupción. Poco a poco, y ahora de manera total, hemos resuelto esa molesta situación.

Infracciones en carreteras

Lo mismo sucedió cuando empezamos a vender fuera de la Ciudad de México. En las carreteras detenían a nuestros camiones inventándoles pretendidas infracciones para obtener alguna dádiva. Durante algún tiempo nuestros choferes solían regresar con boletas de infracciones que al final peleábamos, negociábamos o incluso pagábamos; pero nunca los autorizamos a dar las dádivas solicitadas. Con el tiempo los miembros del cuerpo de policía correspondiente aprendieron que Bimbo no daba nada y dejaron de molestar.

No cabe duda, portarse bien paga. Si calculáramos los millones de viajes que se han realizado sin cubrir esas sucias cuotas, saltaría a la vista que, además de cumplir con nuestros principios, hemos ahorrado mucho dinero.

Relaciones con el sindicato

Cuando empezamos a trabajar descubrimos que en las relaciones con los sindicatos era una práctica generalizada "arreglarse" con los secretarios generales. En nuestra empresa, en cambio, se estableció una relación de trabajo en equipo, de manera que existiera transparencia y amplia participación del personal en la toma de decisiones contractuales. Esto ha dado como resultado sindicatos activos, honestos, que buscan, en conjunto con la empresa, el beneficio de todos. Éste es un hecho que nos enorgullece.

Retiro de personal sobrante

En dos importantes ocasiones, en parte provocadas por las "crisis" sexenales, se nos presentaron situaciones de exceso de personal. La primera vez se trataba de 1,000 vendedores y la segunda de 5,000 colaboradores. La respuesta natural hubiera sido llevar a cabo los recortes de personal que parecían indispensables. Sin embargo, ante el dolor que tal medida causaría a nuestros compañeros y sus familias, y respondiendo a nuestro objetivo de hacer una empresa plenamente humana, buscamos soluciones que nos permitieron no hacer reajustes masivos.

En el primer caso aprovechamos la coyuntura para crear una nueva distribución que habíamos estudiado. Cambiamos la rotulación de los camiones y los uniformes de los vendedores y los empezamos a utilizar para desarrollar la distribución de los productos de Tía Rosa. Así convertimos este aparente problema en una oportunidad.

En el segundo caso, como resultado de un profundo estudio de reingeniería que reveló un sobrante elevado de personas, tuvimos que tomar una serie de medidas que a fin de cuentas causaron cierto costo económico para la empresa, pero evitaron el grave costo social. En esa ocasión el Consejo de Administración cuestionó en una junta cuándo íbamos a despedir al personal sobrante. Mi respuesta fue que no lo haríamos y presenté un plan que, entre otras medidas, proponía:

○ *Revisar si existía algún personal rechazable*, es decir, personas que nunca debieron trabajar en la empresa y debían despedirse. Fueron muy pocas, unas 40 tal vez.

○ *Prohibir de la manera más estricta la contratación de nuevo personal*. Cualquier necesidad inaplazable debía autorizarla el director general. Las vacantes que se presentaran se cubrirían con el personal sobrante, reentrenándolo, capacitándolo y manteniendo el mismo nivel de sueldo donde la vacante tuviera un sueldo menor.

◦ *Aprovechar al personal calificado sobrante*, directamente o por interpósita persona, para ampliar nuestra participación en el ámbito internacional. Siempre afirmamos que la limitante en los negocios es el personal. Las ideas, la tecnología y el financiamiento, los hay o se consiguen, en tanto que el personal preparado y con experiencia no abunda. En la situación narrada nos decidimos a incursionar de manera más amplia en el ámbito internacional.

Un "sobrante" de 5,000 personas es motivo de seria preocupación. Mi razonamiento fue que con la rotación de 15 a 16 por ciento de una planta de 44,000 colaboradores, en un año se resolvería la mayor parte del problema, y aunque esto representaría un costo adicional para el Grupo, éste sería manejable. Siempre aprecié el respaldo de mi Consejo para esa decisión.

Ahora, muchos años después de ese incidente, en el Grupo hemos crecido en ventas, contamos con más de 137,000 colaboradores y con mejores estándares de productividad por persona. Hubiera sido un grave retroceso haber perdido personal entrenado y experimentado, además de que se habrían debilitado la moral y la confianza de todos los demás.

Mi jubilación como director general

Otra tentación, que considero se manejó como es debido, fue mi propio retiro como director general. Yo había fijado el año de 1997 para dejar la dirección sobre todo por dos razones: una era que quería tener más tiempo para mi familia y mis proyectos personales; y la otra, de igual importancia, era que quería dar a los más jóvenes la oportunidad de introducir en la empresa los cambios que se requieren en un mundo en rápida transformación y globalizado. Intuí que nosotros, los fundadores, que aparentemente sabíamos todo, tendríamos dificultades para realizar los cambios y la modernización que eran indispensables.

La tentación consistió en que se me pidió que pospusiera esa decisión uno o dos años, pero, pensando en el bien de la empresa, no acepté.

Fui feliz con mi responsabilidad de presidente del consejo, pienso que puedo ser muy útil a la nueva generación con mis sugerencias y opiniones, y veo con alegría que mi decisión fue la acertada.

Contratación y permanencia de directivos

Sin embargo, también tenemos que reconocer que hubo tres ocasiones en que sí sucumbimos a la tentación cuando, debido a la urgencia de cubrir un puesto de importancia, contratamos a personal que no reunía todos los requisitos, y tuvimos que pagar las consecuencias. Las personas que en esas ocasiones reclutamos, si bien reunían ampliamente casi todos los requisitos —inteligencia, integridad, capacidad de trabajo, liderazgo y sentido comercial—, mostraban debilidad en un área: su capacidad para relacionarse bien con los demás, para querer a los demás. Tardamos en reconocer nuestro error, pero al final estas tres personas tuvieron que irse, dejando tras de sí una estela de problemas y resentimientos difíciles de corregir.

NUESTRO CÓDIGO DE ÉTICA

Los principios mencionados en la sección "Nuestros valores" de este capítulo son fundamentos de nuestro Código de Ética, el cual debe ser conocido y vivido por todos los integrantes de la empresa, principalmente los jefes.

En él se manifiestan los compromisos que, como empresa, hemos de cumplir con los diferentes públicos con los que estamos en contacto.

A continuación se incluyen algunos extractos de nuestro Código:

Con los consumidores

"Nuestro mayor interés es garantizar la plena satisfacción de los consumidores. Por eso, nos esforzamos por hacerles llegar una amplia variedad de productos elaborados bajo las normas de calidad más estrictas, con las técnicas más modernas y con los mejores insumos, con el fin de brindar alimentos sanos, frescos, agradables en sabor y presentación."

Con los clientes

"Para Grupo Bimbo y sus colaboradores, los clientes son aliados estratégicos a los que se apoya en su crecimiento y desarrollo."

Con los accionistas y socios

"Nuestro compromiso como colaboradores de Grupo Bimbo es proteger y optimizar el valor de la inversión, principalmente a través de la utilización prudente y rentable de los recursos y la observación de las más altas normas de conducta ética y legal en todas nuestras prácticas de negocios y en todas las transacciones que realicemos."

Con los colaboradores

"En Grupo Bimbo reconocemos el valor del ser humano como único e irrepetible. Nos comprometemos a garantizar que todo colaborador sea respetado en su dignidad y a facilitar el ambiente para que pueda encontrar en el Grupo un espacio adecuado para su desarrollo, tanto en el ámbito profesional como en el individual."

"Con el propósito de evitar que se presenten conflictos entre los intereses personales y los del Grupo, todos los colaboradores tienen la responsabilidad de declarar cualquier interés financiero o no financiero que pueda estar en conflicto con su función dentro de la empresa."

"Los colaboradores de Grupo Bimbo y sus familiares habrán de rechazar regalos, servicios, descuentos, viajes o entretenimientos brindados por quienes son proveedores."

Con las organizaciones laborales

"Para Grupo Bimbo es un compromiso fundamental respetar la independencia de las asociaciones laborales que existen en cada una de sus empresas y que representen los intereses legítimos de los colaboradores, buscando siempre que las relaciones sean de colaboración y mutuo beneficio."

Con los proveedores

"Grupo Bimbo y sus colaboradores buscamos obtener del proveedor únicamente los beneficios correspondientes a la misma negociación de que se trate, sin obtener ventajas adicionales a costa de la asignación de contratos por la adquisición de bienes y/o servicios. Buscaremos que la relación con nuestros proveedores sea siempre una relación de ganar-ganar."

Con la sociedad

"En Grupo Bimbo reconocemos que nuestra razón de ser es la sociedad en la que estamos inmersos, es a ella a quien nos debemos y para quien trabajamos. Por ello estamos gustosamente comprometidos y apoyamos con nuestro trabajo y actitudes cotidianas los principios y valores que dan sustento a nuestra sociedad en su conjunto y, en particular, a la comunidad en que vivimos."

"Nos comprometemos a que nuestras campañas de promoción y publicidad promuevan el fortalecimiento de los valores éticos universales, entendiendo por éstos la unidad familiar, la integridad física y emocional de las personas, el respeto a los derechos universales de los niños, el respeto a las personas con discapacidad, de la tercera edad o de cualquier etnia o condición social."

Con la competencia

"Grupo Bimbo y todos sus colaboradores estamos comprometidos a competir en el mercado de manera vigorosa y objetiva, basándonos en los méritos, ventajas y excelencia de nuestras marcas y servicios, y en prácticas de comercio leales."

En la operación cotidiana

"En Grupo Bimbo estamos convencidos de que los negocios y la operación cotidiana deben llevarse a cabo en un contexto de sobriedad. Estamos comprometidos a realizar todos nuestros procesos de negocios bajo principios de austeridad."

Protección de los activos

"La custodia y preservación de los activos de Grupo Bimbo es responsabilidad de todos y cada uno de los integrantes de la empresa."

Cumplimiento de la legislación

"Grupo Bimbo, en todas las actividades que lleven a cabo funcionarios y colaboradores —sin importar su naturaleza y alcances—, preservará íntegramente el espíritu y la forma de la legislación vigente en los países donde tiene negocios."

Compromiso de los jefes

El Código de Ética concluye con un compromiso previo a la firma de cada uno de los jefes:

"Los colaboradores de Grupo Bimbo haremos de respetar y participar en aquellas costumbres locales que alientan conductas acordes con los principios y valores del Grupo. De ninguna manera participaremos —y sí buscaremos desalentar— aquellas prácticas de negocios y culturales que sean contrarias a éstas."

El Código de Ética de Grupo Bimbo prevalecerá sobre las costumbres y prácticas de negocios locales cuando se entre en conflicto.

Capítulo 8
Una empresa será lo que sea su personal y éste lo que sean sus jefes

EN BIMBO DAMOS TRABAJO, NO CHAMBA

Cuando la empresa inició arrancamos con 10 vendedores, muy limpios, vestidos con uniforme, que incluía una gorrita y una corbata de moño; traían camiones impecables. En aquel tiempo, ninguno de nuestros competidores tenía personal uniformado, fuimos los primeros. A la fecha continúan vistiendo uniforme y manejando camiones siempre limpios por dentro y por fuera.

Lo que distingue a Bimbo de otras empresas es que cuando una persona entra a trabajar con nosotros, tiene un trabajo, no una chamba. ¿Cuál es la diferencia?, se preguntará el lector. Pues sí, son dos cosas totalmente distintas. En la calle, en las oficinas, es posible comprobar dónde se realiza un trabajo productivo y dónde sólo están "calentando el asiento".

Nosotros procuramos que nadie haga algo que no sea productivo, útil, rentable, satisfactorio. Porque esas personas que sólo cubren las apariencias no pueden ser felices; es muy probable que en su interior se sientan frustradas. La diferencia es notable, tanto en productividad como en satisfacción, entre hacer un trabajo productivo y cubrir un puesto. En un clima propicio, motivador, el verdadero trabajo resulta benéfico para la empresa y para la persona.

En la Universidad de Harvard se han escrito un par de casos acerca de Grupo Bimbo. Cuando estos casos se resuelven en el programa ejecutivo de dicha universidad, es común que alguna persona de la empresa esté presente para atender dudas y hacer comentarios referentes a la solución del problema. Recuerdo que en una ocasión, al finalizar nuestra presentación y discusión, en sesión plenaria, un alumno se levantó y preguntó: "¿Por qué estos mexicanitos creen que pueden entrar al mercado estadounidense, que es el más competido del mundo?". Me disponía a responder cuando el decano de la universidad me pidió la oportunidad de contestar. Después de fundamentar la razón de negocios por la cual podíamos entrar al mercado estadounidense, comentó lo siguiente: "Ustedes [refiriéndose a los alumnos] piensan que los negocios son cuestión de dinero. Estos señores [hablando de nosotros] traen harina en las venas, aman su oficio y lo conocen desde hace 50 años; quieren a su gente, se preparan, conocen de pan, tortillas, harina, dulces, botanas...".

Finalmente, el tiempo respondió la pregunta de aquel joven.

En juegos y en la realidad

En 1969 tuve la oportunidad de cursar un programa para empresarios en la Universidad de Harvard. En una de las últimas materias, Dirección de Empresas, practicamos un juego de negocios. El juego consistía en manejar una empresa ficticia, en donde las decisiones que se tomaban eran reales, y para jugarlo se formaban equipos de varias personas.

Una de estas decisiones, que marcó el rumbo de nuestra empresa ficticia y me dejó un recuerdo imborrable, fue cuando se nos planteó una situación en la que se presentaba un problema y bajaban las ventas. Los estadounidenses de inmediato sugirieron prescindir de varios *tipos*. El compañero japonés y yo nos negamos a tomar esa medida diciendo: "En primer lugar, no son *tipos*, son personas y no los vamos a correr". Luego de algunas discusiones con nuestro equipo logramos convencerlos de no despedir a los colaboradores. Más adelante el mercado se recuperó y nosotros ganamos el juego por encima de todos los demás equipos. La razón por la que perdieron fue que ellos sí despidieron gente; y cuando el mercado se recuperó, tuvieron que volver a contratar y a capacitar personal, lo que les tomó tiempo y a nosotros nos dio ventaja. Sé que era un juego, pero eso es lo que nos ha sucedido en la realidad.

DESARROLLO DE LA CONFIANZA DE NUESTRO PERSONAL

Recuerdo que en cierta ocasión uno de nuestros maestros de producción comentaba a un grupo de obreros: "Cuando uno entra aquí, entra con miedo de que lo vayan a fregar no pagándole lo que le dicen, o haciéndole trampas. Uno llega *tamañito*; luego se crece y comienza a darse cuenta. Al ratito ya ve uno que de veras se nos respeta, se nos capacita y que no sólo se nos trata con justicia sino con confianza y afecto".

Beijing

En fecha más reciente, cuando reinauguramos la planta que adquirimos en Beijing a un año de haberla tomado, una de las colaboradoras que había laborado allí desde que se fundó la empresa dijo en público, entre otras cosas, algo que nos emocionó: "Llevo 10 años en esta compañía y siempre se nos habían prometido muchas cosas que nunca se cumplían. En el año que llevamos como Bimbo, sí nos las han cumplido y estamos muy felices y agradecidos de lo que se hace". La importancia del colaborador puede abordarse desde diferentes aspectos.

Para el dirigente de una empresa las relaciones con su personal son fundamentales; representan, sin duda, uno de los aspectos de mayor trascendencia social. A tal grado que si estas relaciones se manejaran bien, se resolvería por sí solo el grave y preocupante problema mundial de los antagonismos entre los sistemas y las naciones.

Los jefes o dirigentes desempeñan un papel decisivo no sólo en la empresa sino en el personal, porque, se lo propongan o no, son ellos quienes modelan las actitudes y la manera de ser de la empresa en su conjunto, y a la larga también son ellos quienes conforman un tipo particular de empresa.

En consecuencia, al hablar del personal es imprescindible hablar de los jefes y de la filosofía que sigue la empresa, pues ésta será lo que sean sus jefes y los jefes serán fruto de la vivencia de una filosofía empresarial.

Si aceptamos el principio de que son los jefes los que modelan al personal, podría decirse que éste no es bueno ni es malo y que es el ambiente el que determina su comportamiento. Esto es un error. El personal, es decir, las personas de México, y quizás las de todo el mundo, son intrínsecamente buenas y responden en forma positiva o negativa ante los estímulos del entorno.

Sin embargo, aunque el ambiente exterior, o sea el que prevalece en la sociedad en que se desenvuelven las empresas y las personas, influye en las actitudes de estas últimas; si se comparan dos empresas, una con una mística y otra sin ella, se verá que son entidades muy distintas aunque cuenten con personal del mismo entorno social. En la siguiente tabla se listan las cualidades y defectos que se pueden ver en cada una.

Empresa con mística	Empresa carente de mística
Productividad	Ineficiencia
Calidad	Mediocridad
Orden y limpieza	Desorden y suciedad
Eficiencia	Bajas y desperdicios
Innovación y creatividad	Rutina y obsolescencia
Cooperación	Resistencia pasiva
Ambiente fraternal	Enfrentamiento
Desarrollo humano	Enajenación
Progreso	Frustración
Confianza y afecto	Desconfianza y recelo
Colaboración y progreso	Violencia sindical
Solidaridad humana	Lucha de clases

Una empresa sin mística se caracteriza por tener un personal desmotivado, desinvolucrado, incluso ofendido, con relaciones laborales problemáticas; ¿cómo va a preocuparse este personal por aspectos que aparentemente no tienen importancia? Un lugar que puede dar una idea del ambiente que prevalece en una empresa es el baño. Si el ambiente es malo el baño es pintarrajeado y manchado por los colaboradores, quienes así se desquitan de sus jefes inmediatos. Esto no ocurre por ejemplo en las empresas japonesas, cuyos éxitos en calidad, creatividad y tecnología están apoyados en la filosofía de involucración. El colaborador japonés en verdad se considera parte de su empresa, está orgulloso de ella, y si ésta es lastimada, él también se siente lastimado.

Lo mismo sucede en otros países asiáticos. Por ejemplo, en Corea conversé con un señor que trabajaba en *Korean Airlines*. Cuando le pregunté sobre sus periodos de vacaciones me contestó: "*No vacation. Company miss me. Hard work*" (No vacaciones, la compañía me extraña, mucho trabajo). No tenían vacaciones y les habían rebajado el sueldo. Yo me dije: "¡Quiero ser director de *Korean Airlines*!". Sí, la gente entrega su vida a la empresa; ése es el espíritu que uno quisiera estimular.

Aunque también hay japoneses con una visión muy distinta. Por ejemplo, en un artículo que leí en una revista, un japonés que trabaja en una empresa de reclutamiento de personal, declaraba: "Olvídese de otras cosas, el colaborador sólo funciona por el dinero, ésa es la motivación. Todo lo demás son tonterías". Yo creo que está equivocado; el dinero es muy importante para el colaborador, pero no es la razón fundamental. El trabajo no sólo le deja a la gente dinero, y ésta no sólo trabaja por él, y quien piensa así limita a la persona, la aísla en muchos aspectos.

Yo he comprobado con los colaboradores del Grupo que la gente trabaja por muchos otros satisfactores además del dinero.

LOS LINEAMIENTOS

Si se acepta lo antes expuesto, ¿cuáles serían los lineamientos a seguir para lograr que el personal de la empresa se incline a actuar como lo hace el de las empresas con mística?

El primero sería, sin duda, que la empresa cuente con una filosofía sana y con un código de ética empresarial que cubra, entre otros, los aspectos que se describen en el siguiente cuadro:

1. Producir bienes y servicios que satisfagan necesidades de la sociedad. A todos nos gusta y nos enorgullece pertenecer a un grupo que sepa ganarse un prestigio.

2. Profesar un absoluto respeto por todas las personas. El respeto a la dignidad de la persona tiene múltiples facetas, desde las más elementales hasta algunas más sutiles pero no menos relevantes. Una persona respetada no sólo respeta a su vez, sino que se encuentra ante una sólida plataforma desde la cual puede iniciar un desarrollo vigoroso.

3. Aplicar la justicia sin excepciones, haciendo de ella una inalterable norma de vida. Deben conocerse las clases de justicia: la conmutativa, la distributiva y la social, y vivirlas en forma sistemática y natural. La justicia es la gran ordenadora de la vida comunitaria humana.

4. Promover y propiciar el desarrollo personal. El anhelo de toda persona es progresar, lo cual no necesariamente significa tener más. Lo que verdaderamente cuenta es ser más… ser mejor.

La empresa, su ambiente y sus actitudes deben tender a la promoción de la persona: a tenerle confianza, a permitir que cometa errores y aprenda de ellos, que haga uso de su iniciativa, que no tenga temor de participar, que pueda aprovechar al máximo sus amplias o limitadas capacidades.

Una filosofía empresarial que promueve el desarrollo, actuando subsidiariamente, es decir, interviniendo sólo cuando es indispensable y estimulando el crecimiento personal, se convierte en forjadora de hombres. Las personas que descubren o comprueban sus potencialidades son más productivas, más felices, más confiables.

Es sorprendente la ceguera o la torpeza de algunos empresarios que se quejan de las deficiencias de la fuerza de trabajo, sin considerar que lo milagroso sería que los colaboradores fueran eficientes en un ambiente que los descuida, los denigra y los enajena.

Muchos son los aspectos que deben cambiarse para transformarse en una empresa eficaz. Un aspecto de esta transformación, de condiciones menos humanas a más humanas, es la oportunidad de participar en un nivel más profundo.

Participar es sinónimo de *ser parte de*.

5. Reconocer y revalorizar el trabajo. El trabajo es, sin usar retóricas gastadas, el principal dignificador del hombre. No se concibe una sociedad que no reconozca el esfuerzo y la contribución de sus semejantes.

El trabajo es lo único que sostiene al hombre. Sin trabajo no existiría la vida humana. El trabajo no es, como torpemente se ha dicho, un castigo... no sólo ennoblece, sino que promueve y fortalece, enseña y acrisola. Sólo los enfermos y los muy ancianos no trabajan. No obstante, por desgracia tampoco trabajan los parásitos que, sintiéndose muy listos, medran a costa de los demás, sin aportar nada a una sociedad que los mantiene.

Es importante reconocer el valor y la dignidad del trabajo, independientemente de la trascendencia del mismo, ya que su valor no se mide sólo por lo que aporta, sino por el efecto que produce en quien lo realiza.

6. Promover un clima de solidaridad, con énfasis en el ámbito interno, como prolongación de la relación humana que nos obliga como hijos de un mismo Creador. Es indispensable tener una clara conciencia de la necesidad de una relación solidaria en vez de una individualista o una colectivista. Una empresa que actúa cuidando los intereses de todos sus integrantes, tanto en las circunstancias favorables como en las difíciles, es una empresa que inspira confianza y a la que sus colaboradores se le entregan sin reticencias.

7. Asegurar que en toda actuación se promueva el bien común. Así como la sociedad, y aquí cito a Joseph Höffner, "no debe abandonar a sus miembros, sino que tiene que cuidar de ellos, los miembros, por su parte, tienen que estar dispuestos a subordinar sus intereses al bien común". Es necesario que el bien común, que hasta hace poco solía limitarse al Estado, se universalice cada vez más y otorgue derechos y obligaciones que contemplen a todo el género humano (*Gaudium et Spes*).

Una empresa, con visión clara de sus responsabilidades sociales y de su misión de servicio, deja ese estrecho nicho que se identifica con el egoísmo y la mezquindad para elevarse a las dimensiones de una empresa que contribuye a la construcción de una sociedad más libre, justa y humana. Pertenecer a un grupo humano que vive sencillamente estos altos valores en su vida diaria es un anhelo, consciente o inconsciente, de toda persona.

OTRAS CARACTERÍSTICAS ESTIMULADORAS

A continuación analizaré otras características que estimulan el orgullo, la lealtad y el cariño de los colaboradores hacia la empresa.

La aplicación y vivencia de los lineamientos que propongo para una filosofía empresarial, mencionados en capítulos anteriores, deben funcionar como una sólida plataforma de despegue para la construcción o transformación de una empresa plenamente humana.

Sin embargo, también son necesarias otras actitudes que por razones de diversa índole hacen que todo este condicionamiento no sólo opere en forma satisfactoria, sino que se proyecte sinérgicamente, integrando una empresa ejemplar, armoniosa, dinámica y líder en su campo. Dichas actitudes se describen en el listado siguiente.

1. Contar con una dinámica de crecimiento, innovación y progreso. Es necesario inspirar una mística de trabajo, esfuerzo y lucha. No puede conformarse una empresa acomodada o burocrática. A nadie le interesan el estancamiento ni la obsolescencia. No es verdad que la gente quiera un trabajo fácil, que no implique reto y esfuerzo; se ha comprobado que, cuanto más exija una tarea de aquel que la realiza, mayores serán su motivación y su involucración.

2. Tener un plan que implique mejoría creciente. Conseguir paulatina, pero constantemente, aumentos en la calidad y en la productividad. Esta última es el ingrediente vital para el desarrollo y el progreso continuos. Un autor experto en el tema de la productividad ha mencionado que ésta es infinita; yo agregaría que su búsqueda es una actividad perenne.

Aunque sea brevemente, hay que decir que la productividad es el resultado de la implantación de un plan de calidad total, en el que se utilizan las herramientas necesarias, sobre todo el análisis estadístico y el aseguramiento de los procesos.

Es impresionante ver cómo el personal se entrega y se apasiona cuando comprueba que puede hacer más y mejor y, como consecuencia, puede crecer en los ámbitos económico y psicológico.

3. Contar con un programa de capacitación. Un programa apoyado en sistemas bien depurados, que permita que cada quien sepa, pueda y quiera hacer bien lo que tiene que hacer. Tras la ineficiencia, los problemas, las descomposturas, los accidentes, la calidad variable y tantos otros males de la empresa, se esconden la incompetencia y el desconocimiento por parte de los colaboradores de lo que se espera de ellos. Obviamente, ellos no tienen la culpa de esta situación. Si los capacitamos a medias, operarán a medias.

La capacitación seria y completa, además de prevenir errores y costos innecesarios, y de ayudar a uniformar la calidad, despierta el orgullo profesional, la confianza y el aprecio a la empresa.

Muchos de los problemas del llamado Tercer Mundo obedecen al desprecio por la capacitación formal.

4. Asumir una actitud de austeridad. Las empresas, más tarde o más temprano, atraviesan por crisis de diversa índole. Una organización cuidadosa, prudente y austera tiene una mayor garantía de lograr seguridad y mayores probabilidades de conseguir la eficiencia. El lujo, el dispendio y las inversiones no razonadas pueden comprometer la rentabilidad y hasta la permanencia de la empresa. Los colaboradores perciben con claridad las señales que se mandan en ese sentido.

5. Tener una buena rentabilidad. Ser una empresa altamente productiva, poseer recursos para:

- Remunerar bien a las partes.
- Pagar nuestros impuestos.
- Realizar investigación y desarrollo.
- Desarrollos, crecimiento y remodelaciones.
- Emergencias.

Esto presupone disponer, entre otras cosas, de:

- Políticas contables sanas.
- Sistemas de valuación de inventarios acordes con la economía.
- Revalorización de activos.
- Políticas de depreciación.
- Políticas de precios.
- Fondos de jubilación y de reserva.
- Financiamiento y apalancamientos razonables.

Una empresa que no se consolida económicamente o que vive en constante zozobra a este respecto puede debilitar la moral de los colaboradores.

POLÍTICA DE JEFES

La política de jefes consiste, fundamentalmente, en elaborar con cuidado los perfiles que se requieren, en todos los aspectos: laboral, técnico, profesional y personal. Su manera de pensar, su filosofía personal, deberán ser compatibles con la filosofía de la empresa. Si en las entrevistas iniciales con una persona nos damos cuenta de que sus valores no son compatibles con los de la organización, así se lo hacemos saber.

A los prospectos les ofrecemos un seminario llamado *Curso de Superación Personal*, que dura tres días, muy intenso, muy bien estudiado psicológicamente, en el que se trata de cosas personales, nada de trabajo. Se habla de todo, en especial de la familia. Si al terminarlo la persona nos dice: "Está a todo dar, pero no creo, no siento lo mismo", lo encauzamos a otro lado.

La selección de jefes es muy rigurosa tanto en los aspectos profesionales como en lo relativo a los valores. No hablo de religión ni de sectarismos, pero sí de una conciencia de valores.

Un ejemplo de nuestros valores es el manejo de nuestra publicidad. Como ya mencionamos, somos muy exigentes con que sea blanca, que se coloque en medios publicitarios donde no se ofenda al público ni se ataquen los valores familiares, donde no haya violencia ni excesos sexuales. Si en mercadeo trabaja una persona a quien esto no le importa, algún día se suscitará un conflicto. Quienes trabajan en mercadeo deben decidir, no sólo por cumplir las normas, sino por convicción: "No, no puedo entrar a patrocinar este programa".

LIDERAZGO

Líder es aquel que sueña, arriesga, innova. Es aquel que busca las situaciones: cuando no son suficientes para sus propósitos, las modifica y cuando no existen, las crea. El líder orienta, comunica, convence, entusiasma, ayuda a otros a identificar y a desear nuevos objetivos.

El *liderazgo*, tema ampliamente tratado y estudiado desde tiempos inmemoriales, adquiere en nuestra empresa un cariz especial. Sin líderes no podríamos lograr nuestro cometido. Lo medular en nuestra concepción del líder son los principios y la filosofía.

Para iniciar el análisis de este tema conviene preguntarse qué sucede cuando no hay líderes en el ámbito mundial. La falta de un auténtico liderazgo es signo evidente de que los problemas han desbordado la capacidad de los líderes para resolverlos. La humanidad necesita forzosamente líderes que no sólo le ayuden a alcanzar sus diversos objetivos, a menudo incluso necesita que le ayuden a identificarlos y desear alcanzarlos. Es triste reconocerlo, pero la mayor parte de los seres humanos transitan por la vida sin saber con precisión lo que quieren.

En su visionaria obra *La rebelión de las masas* Ortega y Gasset señala: "La sociedad es siempre una unidad dinámica de dos factores, minorías y masas". La diferencia entre ambas radica en que las minorías se caracterizan "por tener algún claro deseo o ideal", y en que las minorías "selectas" no las forma el petulante que se cree superior, sino el que se exige más que los demás.

Aceptando que existen minorías selectas, a quienes podríamos calificar de líderes actuales o potenciales, y mayorías más o menos conformes, el problema que hoy encaramos, a nivel mundial, es la escasez de líderes que puedan guiar al resto de la sociedad a su sano desarrollo.

Cuando los problemas nos desbordan no hay duda de que la causa es la falta de liderazgo, y en la actualidad los problemas mundiales nos están rebasando. Entre esos problemas se pueden contar los que se listan a continuación:

○ Problemas ecológicos de grave trascendencia.
○ Problemas energéticos.
○ Problemas inflacionarios que anulan las aspiraciones de progreso de las mayorías.
○ Incomprensión entre las naciones y grupos étnicos.
○ Violencia.

○ Pérdida de valores y corrupción.
○ Explosión demográfica.
○ Desempleo y subempleo.
○ Excesiva desigualdad en la distribución del ingreso.
○ Cinturones de miseria.
○ Extrema pobreza.

Este último problema nos afecta y nos compete a los empresarios. En general en los países en vías de desarrollo y sobre todo en los del Tercer Mundo, donde nuestro balance de productividad es pobre, somos ineficientes y tenemos enraizada una cultura de ineficiencia. Algunos pretenden culpar de ello a cuestiones ancestrales, pero la realidad es que los líderes, los que tomamos las decisiones, no hemos atinado a organizar el trabajo de manera eficaz.

Hay, entonces, un vacío de liderazgo, un cierto conformismo y un anhelo de ser como decía De Tocqueville: "Una sociedad mansa y condicionada que espera que el gobierno le resuelva todos sus problemas. Sabemos que la riqueza de un país no se mide por sus riquezas naturales, sino por la productividad de su gente".

Como antes se expuso, la humanidad está formada por dos grupos fundamentales: la minoría, que piensa y actúa; y la gran mayoría de la gente que se limita a dejarse llevar por los demás, es decir las masas. La palabra *masa*, usada en ese contexto, me desagrada porque es denigrante para la persona. Pero es verdad que la humanidad está dividida en dos: los que saben lo que quieren y se dedican tenazmente a conseguirlo; y los que andan como si tuvieran los ojos vendados. Y lo interesante es que la gente que sabe lo que quiere es en verdad la minoría.

Pero la productividad verdadera no se da espontáneamente, es fruto de una sociedad educada, trabajadora y organizada por líderes con visión, ambición, creatividad, integridad y una sólida conciencia social. Por eso este tema es tan trascendente y oportuno.

Si queremos despegar hacia caminos que nos permitan avanzar del Tercer Mundo hacia los niveles de los países desarrollados, necesitamos tener líderes idóneos, muchos líderes, grandes y pequeños, en todos los ámbitos:

- ○ En el gobierno.
- ○ En la docencia.
- ○ En la política.
- ○ En los sindicatos.
- ○ En las organizaciones intermedias.
- ○ En las Iglesias.
- ○ En el medio empresarial, desde luego.

Nos urge contar, en todos estos entornos, con líderes fuertes, íntegros y emprendedores, dotados de una gran conciencia social.

NATURALEZA DEL LIDERAZGO

Siempre creí que el liderazgo es un don latente en nosotros desde el día en que se nace, y que muy a menudo se desarrolla como consecuencia de un ambiente o un entorno particular.

Ahora estoy seguro de que, en efecto, es posible desarrollarlo. En cierta medida es una cualidad que adquieren quienes tienen una idea clara de sus anhelos, y poseen tenacidad y constancia, así como un ferviente deseo de realizarlos. Por su parte, algunos expertos en esta materia, como John Kotter, profesor de la Universidad de Harvard, afirman que el liderazgo es una combinación de habilidades, todas adquiribles. Kotter insiste en que hoy más que nunca el mundo necesita de ese liderazgo.

Observa que la enorme mayoría de las empresas tienen exceso de administración y deficiencia de liderazgo, que prevalece una gran necesidad de cambio, que hacen falta personas que creen ese cambio y sobran las que sólo administran.

John Kotter dice al respecto lo siguiente: "Hacer lo que se hacía ayer y mejorarlo cinco por ciento ya no es una fórmula para el éxito".

Escuché personalmente a John Kotter en Harvard y en verdad cambió mi manera de pensar. Según yo, liderazgo era algo con lo que se nacía, que la persona ya tenía. Pero Kotter nos dijo un día: "No, no se nace con él, el liderazgo es algo que se puede adquirir y que muchas veces surge por razones históricas o por presiones del momento".

Nos puso el ejemplo del señor Harry Truman, a quien le cayó en las manos la presidencia de Estados Unidos en plena Segunda Guerra Mundial y ordenó lanzar la bomba atómica. Y el señor no era ningún líder pero, llegado el momento, surgió como tal.

Peter Drucker, quien fuera un respetado y admirado consultor, afirmó que la mayoría de los líderes que él ha conocido no nacieron líderes ni fueron hechos líderes, sino que ellos se hicieron muchas veces empujados por las circunstancias.

Éste seria el caso de Harry Truman, o el de Lech Walesa. Sea como sea, es evidente la necesidad y la urgencia de contar con más y mejores líderes en todos los ambientes de nuestro planeta.

Al hablar de liderazgo es esencial abordar los aspectos de jerarquía, igualdad y desigualdad, y la diferencia que existe entre ser jefes y ser líderes.

El zoólogo estadounidense Robert Ardrey sostiene que: "En toda sociedad animal hay un sistema de dominación, un cierto orden de estatus en el que los individuos se ubican por rango. Cada uno sabe a quién debe temer y ante quién debe ceder, pero este animal líder, a cambio de sus privilegios, es el primero que tiene que enfrentarse a los enemigos, correr riesgos, luchar y, si es necesario, perecer en la lucha".

En la sociedad humana encontramos esta misma estructura. Es comprensible que cualquier sociedad de desiguales, para poder funcionar como sociedad, requiera y favorezca este mecanismo de jerarquía.

Claude Levi-Strauss, el antropólogo francés, afirma que en cualquier grupo humano hay hombres diferentes de los demás, que sienten un fuerte llamado a la responsabilidad, y cuya principal remuneración es la carga de las responsabilidades sociales.

Se menciona, entonces, una sociedad de desiguales, en tanto que constantemente oímos hablar de una sociedad igualitaria. En el fondo de muchas de las tensiones y conflictos sociales aparece la tendencia que persigue la igualdad, y la realidad que evidencia la desigualdad.

Parte de este grave problema se debe, por un lado, a que todos los hombres somos iguales, en esencia, porque tenemos la misma dignidad, origen y destino, pero al mismo tiempo somos existencialmente diferentes por múltiples y variados factores accidentales.

La pretensión de una sociedad igualitaria es antinatural e impráctica, lo único que han conseguido quienes han intentando implantarla es una sociedad con mayores diferencias. La razón es que los que la imponen de manera totalitaria son más diferentes, más poderosos y más privilegiados, presentan diferencias casi de caricatura, que sería muy difícil comparar con las sociedades verdaderamente democráticas.

Es necesario entender con claridad estos conceptos de igualdad y desigualdad para que, por un lado, no mediaticen el ejercicio de un liderazgo legítimo y, por otro, para reconocer que existe un deber de calidad y una responsabilidad de reducir la brecha de esas diferencias evaluando las limitaciones y carencias de las mayorías. El que más ha recibido en cualquiera de los órdenes tiene sin duda mayor responsabilidad. El que tiene más, ya sea talento, educación o fortuna, debe dar más.

También es necesario distinguir entre jefatura y liderazgo. Todo grupo humano requiere un jefe. Etimológicamente la palabra *jefe* quiere decir: "Que está a la cabeza" o, como dijera monseñor Tihamér Tóth: "Que es cabeza, cabeza que ve, piensa y hace obrar, pero en beneficio del cuerpo entero".

Todo jefe, para poder realizar su función, necesita disponer de autoridad, es decir, la fuerza moral o física para hacerse obedecer. La legitimación de la autoridad descansa en que su finalidad es fundamentalmente de servicio, es decir, es la de buscar el bien de los subordinados y el de la sociedad en general.

Sin embargo, hay que distinguir entre el jefe que tiene el mando por imposición y por fuerza y aquel que lo tiene por la libre elección de sus colaboradores.

El primero es sólo un jefe que no durará mucho como tal, y el otro es el líder auténtico.

Si no hay líderes, la sociedad no funciona, es tropel. Si los líderes son malos, entonces la sociedad funciona mal. Si son corruptos, la sociedad se va corrompiendo. Pero si los líderes son sanos, con verdadera conciencia de servicio, si son fuertes y competentes, la sociedad será sana y progresista, trabajará en paz y armonía.

Por consiguiente, el líder, el liderazgo, es imprescindible en cualquier grupo humano. La anarquía no funciona y nuestros anhelos profundos de libertad deben someterse a las necesidades del orden, porque si no, esa pretendida libertad se transforma en caos.

No obstante, es necesario reconocer que estos conceptos de jefatura, liderazgo, autoridad, orden y demás, pueden ser —y de hecho son— peligrosos cuando se abusa o se pervierte su aplicación, como en los casos de:

- Abuso de la autoridad convertida en tiranía.
- Exceso de liderazgo, que enajena a las personas.
- Exceso de orden, el cual puede desembocar en fascismo.
- Exceso de libertad, que puede desembocar en anarquía.

A manera de resumen, el liderazgo:

- Es indispensable.
- Debe ser sano y estar al servicio de los grandes valores.
- Debe estar impregnado de una conciencia de servicio.
- Debe respetar la libertad personal.
- Debe ser subsidiario.

CARACTERÍSTICAS DEL LÍDER

Ya vimos cuál es la naturaleza del liderazgo y por qué es necesario, repasemos ahora cuáles deben ser las características y cualidades del líder. Si tratáramos de hacer una lista exhaustiva de las características óptimas deseables en un líder, sería muy larga y aun así correríamos el riesgo de olvidar alguna. Sin embargo, si nos esforzamos por enumerar las principales y tratamos de ponerlas en orden de importancia, la lista quedaría más o menos como la siguiente:

- El líder debe amar a sus semejantes. Esta característica parecería ser suficiente, pero vale la pena ser más precisos.
- El líder debe ser íntegro. Aquí se incluiría una sólida base de valores morales.
- Debe ser tenaz y su tenacidad debe ir acompañada de vitalidad, responsabilidad y trabajo efectivo.
- Debe tener deseos de logro, anhelos de realización, sueños y esperanzas, reflexión, pensamiento fundamental.
- Debe tener responsabilidad social, conocer los principios sociales y saber aplicarlos.
- Necesita capacidad de comunicación.
- Debe ser prudente.
- Necesita humildad.
- Debe tener fortaleza.

La lista podría extenderse y volverse, por lo tanto, un poco utópica. Si bien es imposible encontrar a un ser humano con esta serie de atributos, es necesario conocer cuáles son para promoverlos y aquilatarlos.

En el proceso de detección de líderes en Grupo Bimbo la experiencia me ha enseñado que las cualidades básicas que un jefe líder debe reunir, en alto grado, so pena de que su liderazgo no sea el más adecuado, son las ocho que listo a continuación:

1. Integridad. Lo más importante es que sea una persona íntegra, que respete sus valores, que sea honesto, que sea fiel a su familia, que no diga mentiras.

2. Inteligencia. Buscamos en él un nivel de inteligencia adecuado al trabajo que va a desempeñar, quizá con un potencial mayor. Inteligencia que le permita entender cuestiones abstractas, planear, organizarse, ser prudente. Desde luego, no se requiere el mismo nivel para un subdirector que para un supervisor de producción.

3. Capacidad y espíritu de trabajo. Buscamos que sea una persona con espíritu de trabajo, que no sea flojo ni pasivo, que demuestre fuerza, que no le tema al trabajo, que sea un modelo a ese respecto. Un jefe tiene que poner el ejemplo.

4. Capacidad de relacionarse con los demás. A esta característica le denominamos también *sentido humano*. Deberá mostrar capacidad de relacionarse con los demás. No queremos que sea un erizo, mucho menos que sea una persona conflictiva. Muchos jefes fallan porque quieren mandar demasiado, pretenden dar órdenes a gritos o no saben manejar a sus colaboradores.

5. Liderazgo. Debe tener capacidad de liderazgo. Creíamos que con las cuatro anteriores ya se podía liderar, pero con el tiempo vimos que el liderazgo es algo más complejo. En Grupo Bimbo el jefe necesita contar con la capacidad de que los demás lo sigan, de atraer, de motivar y de conseguir que quieran hacer las cosas.

6. Conciencia de la rentabilidad. Deberá estar consciente del negocio, de la rentabilidad, entender que todas sus decisiones deben tomarse en función de un resultado económico en cierto plazo. A lo mejor lo que se pretende está muy bien, pero no es rentable.

7. Enfoque a resultados. Este requisito está ligado con la característica anterior. Enfocarse en obtener resultados. Conseguir lo que se busca. Tener sensibilidad para diferenciar entre lo que agrega valor y lo que es sólo funcionalismo.

8. Apertura al cambio. Esta característica la agregamos recientemente. En un mundo empresarial global, acelerado, la dinámica de cambio llegó para quedarse. Es necesario que los jefes y el personal estén dispuestos a ver las cosas de modo diferente, a romper paradigmas.

A estas ocho cualidades básicas yo añadiría:

- Ser tenaz.
- Ser sencillo y austero.
- Saber trabajar en equipo.
- Saber escoger y rodearse de la mejor gente.
- Estudiar, leer, viajar.
- Tener una clara conciencia social.
- Querer a su gente y propiciar su desarrollo.

Requerimos que los jefes estén preparados para enfrentar los cambios, como solemos decir, "con los tenis puestos".

Después de la selección rigurosa se realiza un proceso de capacitación, de motivación constante, para que esa jefatura sea excelente. Si los jefes no son buenos, todo lo demás sale sobrando.

Contrariamente a lo que algunos piensan, nosotros estamos convencidos de que no se puede separar la vida personal de la vida del trabajo. La persona es una, y no es lógico pensar que quien es mentiroso o deshonesto en lo personal, no lo será en el trabajo. Las empresas que pretenden cerrar los ojos a esta realidad evidente, pronto comienzan a pagar el precio, el cual puede ser barato si se separa a la persona de su cargo; o muy caro, si se le conserva, con lo cual la organización estaría desviándose de su mística empresarial de atraer a los mejores.

Cada vez que hemos transigido en el nivel de estas características, tarde o temprano hemos experimentado un fracaso. De ahí lo delicado del liderazgo y la responsabilidad que se deriva para los que lo ejercen y para quienes eligen a los líderes.

A la luz de estas reflexiones, muchos nos preguntamos: ¿por que si el asunto es tan serio los pueblos eligen y aceptan líderes mediocres?

La respuesta, a mi juicio, está en aquello que decíamos de Ortega y Gasset sobre el quietismo social, ese fenómeno humano de no reaccionar hasta que las cosas se tornan verdaderamente graves. A menudo la humanidad, deslumbrada por la fastuosidad, la pompa y las promesas, aplaude a los pillos que la explotan y la empobrecen.

Los países en vías de desarrollo y los del Tercer mundo hemos estado históricamente plagados de corruptelas, influyentismo, credencialismo, ineficiencia y burocratismo, características y costumbres que no sólo hemos permitido, sino que hemos vitoreado y aplaudido. Por fortuna la situación está cambiando, pero los mayores y los jóvenes debemos también responsabilizarnos de que nuestros líderes sean los mejores.

Por eso, con vehemencia afirmo que un sano liderazgo es vital, que debemos estar alertas en cualquier área en la que actuemos para elegir, nombrar, aceptar y apoyar solamente a los líderes que de verdad llenen los requisitos. Y para oponernos con todas nuestras fuerzas y posibilidades a que los puestos sean ocupados por gente indeseable.

Capítulo 9
Retos

En este capítulo hablaré de los retos que enfrenta Bimbo. Son retos que hemos tenido durante muchos años y, si bien los hemos superado, al fin y al cabo representan una guerra que nunca se gana por completo. Día con día crece la necesidad de operar con mayor eficacia. La *calidad*, la *productividad* y la *globalización* son historias que no han terminado. Justo cuando creemos que acaban, inicia un nuevo capítulo.

La calidad exige una evolución constante: desarrollar nuevos equipos, introducir materiales nuevos, utilizar materias primas más nutritivas.

En el Grupo siempre hemos logrado mejorar la productividad: en equipo, personal, rutas de reparto, ventas y comunicación, entre otros aspectos.

Pero la búsqueda es interminable.

PRODUCTIVIDAD

Según un autor, la productividad es infinita... es el hombre, con su inteligencia y voluntad, quien va buscando y encontrando maneras de hacer las cosas a un menor costo.

Algunos piensan que la productividad implica trabajar más; otros, que se trata de trabajar más duro o más aprisa. En resumen, consideran que la productividad es un proceso que requiere mayor esfuerzo.

Pero no, la productividad es todo lo contrario: significa conseguir lo mismo con menos esfuerzo, con menos desperdicio, con menos costo. O bien, conseguir más con el mismo esfuerzo o el mismo costo.

Productividad es trabajar con más inteligencia, no con más intensidad.

La productividad se encuentra cuando nos planteamos preguntas como las siguientes:

- ○ ¿Es necesario todo lo que hacemos?
- ○ ¿Se puede hacer de una manera más sencilla?
- ○ ¿Se pueden eliminar tiempos perdidos?
- ○ ¿En verdad es necesario desperdiciar tanto?
- ○ ¿Cómo puedo ahorrar tiempo, material y energía?
- ○ ¿Se puede mecanizar algún proceso manual?

La productividad es el factor que más contribuye al mejoramiento del nivel de vida. La aportación a la productividad que haga cada uno de nosotros puede ayudar a muchos, quizá durante varias generaciones.

El trabajo *aparente*

Es importante diferenciar entre los diversos tipos de trabajo para distinguir a los sectores que en verdad producen y el sector que sólo aparenta trabajar:

- ○ En el *sector primario* están básicamente las personas que trabajan en las actividades de agricultura, ganadería, minería, silvicultura, pesca y algunos procesos de agronegocios.
- ○ En el *sector secundario* están las personas que trabajan en actividades de transformación de bienes durables o de consumo. Básicamente abarca las actividades industriales.
- ○ En el *sector terciario* están las personas que proporcionan servicios a la sociedad, como transportes, comercio, comunicaciones, hoteles, turismo, educación, espectáculos, cultura, servicios públicos, etcétera.

Éstos son los tres sectores productivos...

Por extensión podríamos decir que, desgraciadamente, también existe un sector *cuaternario* que no produce nada, que no proporciona ningún servicio ni aporta nada a la sociedad. Debemos ver con extrañeza a quienes se cobijan bajo un manto de trabajo aparente, pero que en realidad no aportan al duro esfuerzo colectivo.

Una productividad razonable

¿Por qué insistir en el tema de la productividad? Sencillamente porque todavía estamos lejos de alcanzar una productividad razonable.

Podríamos decir que productividad equivale a la cantidad y la calidad de resultados que produce un trabajo.

La remuneración a ese trabajo está o debería estar en función directa de la productividad. Si se produce poco, la remuneración no puede ser alta. Éste es precisamente el problema de los países en vías de desarrollo.

Por eso instamos a trabajar con mayor productividad, por eso no debemos tener puestos de trabajo que no produzcan o produzcan muy poco, hay que conseguir que cada puesto sea más productivo y pueda ser mejor remunerado. Juntos debemos encontrar maneras de hacer las cosas con mayor productividad.

PRODUCTIVIDAD Y AUSTERIDAD

En la situación que viven actualmente nuestros países, más que en otros tiempos, productividad y austeridad son sin duda los conceptos que deben inspirar la norma de vida de todos los ciudadanos. Cada uno debe producir más, trabajando mejor, ingeniándoselas más, arriesgando mucho y organizándose con inteligencia. Todos los países, pero sobre todo los que están en el más bajo nivel de desarrollo, necesitan del mejor esfuerzo de todos sus hombres.

También necesitamos ser austeros en el gasto. Los gobiernos, las instituciones, las empresas, los grupos y las familias deben prescindir de lo no necesario y evitar a toda costa el despilfarro y el desperdicio. Como individuos, la prudencia nos aconseja ahorrar para evitar problemas futuros, y después, si hay sobrantes, invertir sanamente.

Estamos ante una disyuntiva histórica: o cada uno de nosotros hace hoy algo al respecto, o en un mañana cercano seremos testigos de nuestro fracaso y nuestra desilusión.

La productividad, el motor de la vida moderna

En efecto, la productividad es el motor de la vida moderna. Si los procesos productivos se congelaran en su estado actual, el mundo entero enfrentaría una crisis de consecuencias inimaginables. Considero importante mantener el ritmo de progreso que esperan las nuevas generaciones con el aumento respectivo de la productividad.

La experiencia nos va demostrando que cada vez es más fácil hacer las cosas con menor esfuerzo, con menos recursos y en menos tiempo, es decir, con mayor productividad. O, expresado de otro modo: se puede hacer más con los mismos o con menos recursos.

El empresario de cualquier nivel debe tener una inquietud constante y la vocación irrevocable de obtener constantemente mayor productividad. No se puede conformar, como sucedió durante varios siglos, con hacer las cosas como se acostumbraba.

La riqueza de un país no se valúa por sus recursos naturales, sino por la productividad de su gente.

La productividad personal se mide por el valor agregado que finalmente se obtiene y, aunque es innegable que esta productividad depende en gran parte del uso adecuado de bienes de capital, se requiere el análisis cuidadoso y profesional de cada función para conseguir que cada persona trabaje, no más intensa, sino más inteligentemente.

Este trabajo de análisis, de adecuación y reordenamiento, sólo se logrará si los directivos de más alto nivel toman la decisión de realizarlo, y si esta decisión se apoya y se pone en marcha.

Evidentemente, este logro de productividad debe permitir una mejor remuneración del colaborador, lo que iniciará un círculo virtuoso:

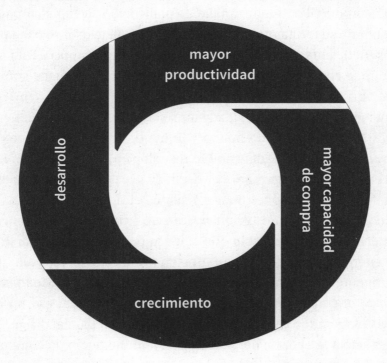

Gran parte del valor del Tratado de Libre Comercio de México con Estados Unidos y Canadá estriba en este concepto.

El subdesarrollo se mantiene por el poco poder adquisitivo de la gente,
el cual obedece a su poca productividad, que a su vez es resultado de una
pobre organización de su trabajo.

A lo que me refiero aquí es a la necesidad de que cualquier persona que
desempeñe un trabajo, cualquiera que éste sea, debe hacerlo con eficiencia
y eficacia, utilizando lo más posible los equipos que le permitan maximizar
su productividad.

Lo que es en verdad trágico es que al problema explicable de la imposibilidad de las sociedades pobres de proporcionar equipos o bienes de capital
costosos a los colaboradores, se aúna el de falta de sistemas y, sobre todo,
de la falta de una actitud que busque y obtenga la productividad personal.

Esto es lo que puede calificarse como cultura del subdesarrollo, la cual prevalece en los países del Tercer Mundo, donde el trabajo personal es en general poco productivo, donde la falta de planeación se suple con más mano de obra, donde se forma otro círculo, en este caso vicioso: se paga poco porque se es ineficiente y se es ineficiente porque se paga poco. Esta situación se ejemplifica con esa popular pero terrible frase: "Uno hace como que le paga y el otro hace como que trabaja".

En mi larga historia de actividad empresarial he llegado a la convicción de que la responsabilidad de lo bueno y lo malo, de lo que se hace o se deja de hacer, del crecimiento, del cambio tecnológico, o del estancamiento y la obsolescencia, es del empresario, es decir, de la cabeza que marca el rumbo, de quien toma las decisiones finales y asume el riesgo.

En su maravilloso libro *Un nuevo espíritu empresario*, Lawrence M. Miller plantea que ningún cambio que valga la pena puede realizarse sin el liderazgo enérgico y tesonero de un funcionario fuerte del más alto nivel.

El dirigente empresarial tiene que entender esta necesidad de que el trabajo esté organizado de manera altamente productiva; eso no lo puede decidir el colaborador, es una responsabilidad social para el dirigente. Él decidirá respecto a la eficacia del puesto y su remuneración, la competitividad de la empresa, la competitividad del país y, a la postre, el nivel de vida de la población.

Productividad personal

Otro aspecto importante es la productividad personal. Hace poco leí una frase que completa este pensamiento: "La verdadera riqueza de las naciones la constituyen sus hombres, cuando a éstos se les ha enseñado a luchar por la vida, a trabajar y a producir".

Desde luego, es necesario proporcionarles los recursos materiales para hacerlo. Porque el que transporta leña necesita un tráiler, y cada uno cuesta cientos de miles de dólares. Los recursos económicos son esenciales para la productividad.

Pero en los países que no avanzan, además de no tener los recursos, tampoco hay la mentalidad. El dirigente es quien necesita decir que no se requieren seis personas para repartir hielo; pueden ser dos, con sistemas, métodos, herramientas, motivación y mejor remuneración (así ganarán más y podrán gastar dinero que generará empleos para otras personas). Si no se hace así, lo único que se logra es aumentar la miseria.

Por ejemplo, hace años, en la sesión de preguntas después de una conferencia, alguien saltó: "Oiga, lo que usted dice es inmoral, porque si para que haya productividad hay que sustituir con máquinas a las personas, ¿qué van a hacer después de que las deje sin empleo?". Le contesté: "Lo que se está diciendo aquí no es que se le quite el trabajo a la persona. La propuesta es que haga un trabajo más productivo. Si yo, en vez de trabajar con 10 o 20 arrieros y 10 burros, lo hago con un trailero y un camión, se le está dando trabajo a quien diseña ese camión, a quien lo fabrica, a quien le da mantenimiento y esas personas ganan más que los que arrean los burros. Entonces, si yo le doy trabajo al que diseña, al que construye, al que mantiene, al que produce la gasolina, al que hace las llantas, creo que estoy generando un empleo mejor remunerado para muchas personas".

Es innegable que esta productividad depende, como decíamos, en gran parte del uso adecuado de bienes de capital. Pero, independientemente de que necesitamos hacer el máximo esfuerzo para tecnificarnos y modernizar los equipos, así como para proporcionar a los colaboradores los medios de producción y trabajo que les permitan ser más eficientes, tenemos que tomar conciencia de que, aun sin la adición de bienes de capital, hay enormes posibilidades de que el trabajo personal sea más productivo.

Hace años, en México se veían camiones que andaban por las calles repartiendo hielo con cinco o seis jovencitos colgados. ¿Cuánto podían ganar? Si se considera el bajo precio del hielo, el salario del chofer, el costo del camión y de los acompañantes, vemos que no había productividad, se estaban engañando.

Otro ejemplo de esto lo vemos en las gasolineras, aunque ya menos que antes, a las que llega el automovilista y hay ocho o diez personas luchando por atenderlo, lo que deja muy claro que la productividad de esos despachadores es nula. Esto no ocurre en Francia, Alemania, Estados Unidos o Canadá, donde el mismo automovilista se despacha la gasolina. El que cobra en las gasolineras de Francia o Estados Unidos, donde los autos llegan y solos cargan y pagan, goza la oportunidad de producir más. Si no hay productividad no puede haber riqueza ni, obviamente, distribución de la riqueza. La productividad es lo único que permite el desarrollo, el crecimiento, la educación, el progreso del país. De ahí la importancia de que toda persona esté consciente de la necesidad de ser productiva.

Una comisión del Instituto Tecnológico de Massachusetts (MIT, por sus siglas en inglés), formada a fines de los ochenta para averiguar la productividad industrial de Estados Unidos, afirma en sus conclusiones: "La industria estadounidense muestra signos preocupantes de debilidad, y en muchos sectores de la economía, que las empresas de Estados Unidos están perdiendo terreno ante sus competidores de ultramar [...] que estos trastornos no son altibajos de un proceso normal, sino síntomas de una enfermedad generalizada".

Informa también que esta situación no se corregirá haciendo mayores y mejores esfuerzos con las mismas tácticas que en el pasado reciente, que el entorno internacional ha cambiado irremisiblemente y Estados Unidos debe adaptar sus prácticas a este nuevo mundo.

Si eso le sucede al país que ha sido líder del Primer Mundo, ¿qué nos espera a los menos desarrollados?

Ahora bien, en el aspecto de la productividad, la conciencia de optimizar los recursos y la habilidad de organizarlos eficaz y eficientemente desempeña un papel importante.

Como ya se expuso, este trabajo de análisis, adecuación y reordenamiento sólo se realizará si el más alto nivel directivo ha tomado la decisión de que se haga, y si esta decisión se apoya y se pone en práctica.

Es evidente que una sociedad rica puede proporcionar a sus colaboradores equipos y facilidades que les permitan ser altamente productivos.

Cuando se obtiene tanto una alta inversión por individuo como la mentalidad y organización para la productividad, se logra un impresionante nivel de eficiencia, que de otra manera sería imposible de alcanzar.

Cuando escuchamos aseveraciones de que "la elevación de la productividad en toda actividad económica es condición indispensable para lograr aumentos reales de salarios y fortalecer la economía de la nación", todos estamos de acuerdo. Pero la realidad es que la cultura en que vivimos nos arrastra a seguir operando con niveles de ineficiencia y, por consiguiente, con salarios apenas suficientes para mal subsistir.

Lo que aquí interesa es tomar conciencia de que este cambio cultural es indispensable porque no tiene sustituto, y es urgente porque las demandas sociales y las justas aspiraciones de las personas a una vida digna no pueden esperar mucho más.

Este cambio cultural sólo puede ser inducido por los dirigentes sociales vinculados a la esfera productiva, es decir, los empresarios, quienes tienen la posibilidad, la responsabilidad y la oportunidad de inducir y promover este cambio cultural.

El tema de la productividad ha sido una inquietud central en mi vida profesional porque considero que no sólo el éxito, sino la supervivencia de cualquier empresa depende de la habilidad de sus administradores para conseguir, de manera constante, mayores niveles de productividad.

PRODUCTIVIDAD EN UNA ECONOMÍA GLOBAL

El aumento en la productividad en la era de la globalización depende de que las empresas cumplan con la serie de requisitos que se listan y explican a continuación.

1. Sobra mencionar que la capacidad de generar riqueza, es decir, **la productividad personal, se relaciona directamente con el nivel de educación y capacitación de cada persona.**

Con las debidas excepciones en ambos sentidos, son las personas con mayores niveles educativos las que obtienen los mejores ingresos, las que crean mayor riqueza.

Por lo tanto, el primer paso para aumentar la productividad, y aunque éste no tenga efectos a corto plazo, es dar un fuerte impulso a la educación. No hay atajos, no hay alternativas.

Tenemos que elevar el nivel de educación, sobre todo de las mayorías. Se requiere más y mejor escolaridad. Sin esto no habrá avances significativos.

La falta de educación produce pobreza, insatisfacción, frustración y compromete la paz social. Todos y cada uno de quienes desempeñamos algún papel de liderazgo en el país deberemos hacer un gran y continuado esfuerzo por avanzar en materia educativa. Si bien este esfuerzo se entiende como una mejora cuantitativa y cualitativa en materia escolar, también hay que señalar que se requiere un nuevo enfoque en lo que respecta a la educación superior.

No todo el mundo debe ni puede hacer una carrera universitaria, por lo tanto, como ocurre en otros países, se deben promover las carreras profesionales, tecnológicas o de oficios, y darle a la gente las facilidades para estudiarlas. Son mucho más productivas y más realizadas las personas con una buena capacitación técnica, que los universitarios que no encuentran acomodo.

Cabe señalar que el enorme rezago en educación puede reducirse rápidamente si sabemos utilizar los medios de comunicación virtual que nos ofrecen las nuevas tecnologías.

2. Otro requisito para aumentar la productividad son los **recursos económicos para obtener bienes de capital** que permitan la producción de bienes y servicios de manera más eficiente.

Los bienes de capital requieren dinero o financiamiento adecuado. Idealmente éste debería provenir del ahorro interno o por lo menos de créditos a costos razonables.

Es evidente que sin los bienes de capital, es casi imposible competir en una economía global.

Muchos de los problemas por los que atraviesan nuestros países obedecen a que no supimos hacer a tiempo la conversión necesaria para competir en una economía global. Debimos estar al día con oportunidad en las nuevas tecnologías; hacer, en la medida de lo posible, nuestra propia investigación y desarrollo; proporcionar capacitación al personal, mecanizar, automatizar y utilizar en mayor medida las ventajas de la informática y la computación.

Cierto, ello requiere capital, y en muchos países éste ha sido escaso y caro. No obstante, no todo el problema obedece a la falta de recursos; en muchos casos existió apatía, falta de visión y una costumbre no cuestionada de ordeñar las empresas para el gasto personal, en vez de reinvertir.

La productividad demanda recursos frescos y todo empresario responsable debe cumplir con esta tarea.

El dilema de los países pobres es que no cuentan con suficientes recursos, por consiguiente, propiciar el ahorro interno debe ser una tarea de primer orden, y ésta le incumbe no sólo al gobierno, sino a todos los ciudadanos.

El único beneficio que aportan las crisis es que obligan a pensar y a rectificar muchas cosas. Ante la imposibilidad de conseguir recursos de capital por falta de dinero o de crédito barato, algunos han hecho esfuerzos para exportar y con ello han conseguido financiamiento a tasas internacionales. Resulta en verdad emocionante observar cómo la necesidad aguza el ingenio de aquellos que no se conforman con lamentarse y achacar la culpa a otros, sino que se esfuerzan y salen adelante.

Como comentario final sobre el aspecto de los bienes de capital, en los países que ofrecen mano de obra barata puede existir la tentación de prescindir de los equipos verdaderamente eficientes, lo que conlleva a mantener el círculo vicioso de trabajo ineficiente-remuneración deficiente-consumo deprimido.

3. Un requisito complementario al de los bienes de capital es **conseguir y aplicar las tecnologías más adecuadas.**

En algunos casos no será necesaria una tecnología de punta, ni la más avanzada. Pero en líneas generales las tecnologías más modernas son las más eficientes.

El requisito de recursos económicos del que ya hablamos busca precisamente poder acceder tanto a las tecnologías de procesos industriales, como a las de información y administración. La empresa moderna, de cualquier tipo, vive en un ambiente donde el cambio y la velocidad con que éste ocurre son ya elementos de primordial importancia para los procesos de planeación estratégica y los administrativos.

> **La adaptación al cambio, utilizando herramientas cada vez más sofisticadas como la calidad total, la reingeniería y otros programas o metodologías, es requisito indispensable para el desarrollo y supervivencia de las organizaciones.**

No es aquí el espacio para profundizar en un tema tan importante, pero está comprobado que en la lógica y necesaria búsqueda de la productividad es indispensable simplificar los procesos pero no lo es el retiro masivo del personal sobrante. Hay mecanismos inteligentes para hacerlo, sin perder talento ni motivación del personal y, algo de suma importancia, sin crear un problema social.

4. Por último, otro requisito indispensable para la productividad es que **en el centro productivo exista involucración del personal y una relación de armonía y entusiasmo.**

Que la fuerza laboral perciba que se trabaja hacia un objetivo común, que hay cierta convergencia en las expectativas, asimismo, que prevalezca un ambiente de justicia, confianza, afecto y una equitativa distribución de los beneficios.

En las relaciones laborales siempre existirán diferencias y tensiones, pero hay una gran diferencia entre las empresas que en verdad respetan a su personal y desean su involucración y realización como personas, y aquellas que sólo las usan y manipulan.

Existen países y empresas con todos los recursos: tecnológicos, financieros y administrativos, pero que no atinan a conseguir la eficiencia y productividad que quisieran, porque aún conservan esa relación adversaria, absurda desde un punto de vista social y que acaba por convertirse en un obstáculo para lograrlo.

Según mi opinión, el *milagro japonés*, y de hecho el de los demás países asiáticos, se debe sobre todo al clima de involucración, al sentido de misión y a la coincidencia de objetivos de todos los que laboran en una empresa determinada.

El problema de las empresas de Occidente no es necesariamente la relación adversaria, sino el simple desinterés y la burocratización, que por miopía de sus dirigentes margina a sus integrantes, frustrándolos y desaprovechando su potencialidad.

Sería imposible señalar cuál de los requisitos mencionados es el más importante para conseguir esa productividad que tanto se necesita. Creo que los cuatro son fundamentales y que su atención rendirá los resultados esperados a corto o a largo plazo.

Sin embargo, el último, el cual incluye que la empresa tenga una filosofía empresarial, un código de ética, una actitud que quiera y fomente en todos, y subrayo, no en unos cuantos, sino en todos los que la integran, la verdadera involucración en la actividad que se pretende realizar, no sólo es indispensable para obtener los resultados, sino que al mismo tiempo fortifica al sistema y sirve de garantía para el desarrollo y la paz social.

GLOBALIZACIÓN

La globalización es una aventura en la que los países en desarrollo empezaron a participar hace apenas unos años. No sabemos a ciencia cierta en qué vayan a acabar, si en tres grandes bloques comerciales, un gran bloque comercial, bloques regionales u otra vez países aislados. Sin embargo, hoy por hoy, y durante varios años más, la globalización entraña un reto importante para todas las empresas.

Veo la globalización de una manera muy personal: creo que empezó desde el principio de la humanidad por su capacidad de relación y su necesidad de intercambio. Conforme los medios de comunicación van evolucionando la gente sale de sus localidades y comienza a intercambiar mercancía.

Este proceso se ha acelerado de manera vertiginosa en los últimos años porque los medios de comunicación también lo han hecho.

En el momento en que los medios, sobre todo internet, se convierten en parte real de la vida, influyen en la comunicación humana al desaparecer las distancias y los costos que éstas representan.

Si se consigue que en China produzcan la cola de un avión 747 más barata de lo que pueden hacerla en Estados Unidos, o un aparato telefónico en México más barato que en Alemania, es obvio que los negocios empezarán a hacerse de esa manera. Es algo inevitable y positivo pero que necesita normarse, entenderse; que requiere que los más poderosos —países, sociedades, empresas, personas— tomen en cuenta sus posibles efectos en los menos poderosos. Es indispensable mostrar gran responsabilidad social en ese sentido. Por ejemplo, Hong Kong cuenta con una impresionante infraestructura turística, y ofrece mano de obra a un dólar por día. Y eso sólo en Hong Kong, ya no se diga en China. Es injusto, inmoral, yo diría, que uno aproveche esa mano de obra.

Esos aspectos son los que hay que cuidar en la globalización. Si el enfoque es que sólo el dinero es importante, todas estas cuestiones se vuelven verdaderas agresiones a la sociedad. De ahí surgen los globalifóbicos y otros grupos de protesta. A los primeros no les falta razón en algunas cosas, pero están en el extremo equivocado. Por mi parte, pienso que la globalización es positiva, que responde un tanto al valor de la solidaridad humana. Si yo puedo consumir una mejor mantequilla hecha en Bélgica a un precio razonable, y los belgas toman tequila hecho en México, magnífico, los dos salimos ganando. Pero sí se necesita la buena voluntad y el establecimiento de normas para que no se convierta en un proceso agresivo y abusivo.

Cómo nos insertamos en la globalización

Aunque nuestra intención original fue solamente exportar, con el tiempo se fueron presentando dos tipos de situaciones: ofrecimientos para que compráramos empresas, solicitudes de compra o asociaciones con compañías transnacionales. Al explorar los ofrecimientos para la compra de empresas vimos que existían oportunidades y sinergias bastante viables. Las solicitudes de compra o asociación por parte de las grandes transnacionales de la alimentación, a través de los representantes de la banca de inversión, eran constantes. Como nunca hemos considerado siquiera la venta del Grupo, pensamos que una manera de evitar ser absorbidos por esos gigantes era convertirnos también en una empresa con presencia en el extranjero.

Al pensar en inversiones fuera de nuestro país, también podemos exportar nuestra filosofía empresarial.

Nuestro objetivo fundamental es crear empresas altamente productivas y plenamente humanas, y aunque no hemos alcanzado en su totalidad ninguno de los dos objetivos, tenemos la profunda satisfacción de seguir intentándolo.

El papel que desempeña nuestra representación diplomática en los diversos países donde operamos puede ser y es muy útil para las empresas mexicanas que deseen internacionalizarse. Nuestro Grupo, en particular, ha recibido invaluable ayuda de los embajadores y de otros funcionarios de la representación diplomática, quienes nos han orientado o acompañado, o incluso nos han presentado ante las autoridades y ayudado en trámites complicados como los registros de marcas, entre otros.

Es motivante observar el esfuerzo de nuestros representantes al organizar tianguis, cenas, cocteles y otras actividades para apoyar y promocionar iniciativas mexicanas. Vemos con agrado y agradecimiento que se propicien los nexos con importadores locales y se nos invite como posibles inversionistas. Esa actividad proactiva en beneficio del desarrollo de México es altamente productiva.

PUNTOS A CONSIDERAR
PARA LA INTERNACIONALIZACIÓN

Durante nuestra incursión en diferentes países hemos conseguido cierta experiencia, la cual es importante resumir y compartir. Entre los puntos importantes que deben considerarse al iniciar el proceso de internacionalización se encuentran los siguientes:

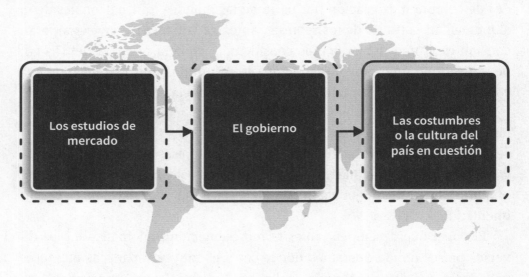

Estudios de mercado

Cuando iniciamos operaciones en un nuevo país, realizamos estudios de mercado que nos ayudan a conocer el patrón de consumo de los habitantes. Más de una vez dichos estudios, si no son profesionales, cuidadosos y responsables, dictaminan que se va a vender tal o cual producto, pero al momento de fabricarlo, ya en el país, con planta propia, resulta que no se vende o que se vende menos de lo proyectado.

Si bien los estudios de mercado adecuados son una herramienta muy valiosa para entrar a mercados nuevos, se requiere más información de la que ellos proporcionan y para poder ajustarse a las condiciones reales de la demanda.

El gobierno

El gobierno es parte decisiva cuando se ingresa a un país nuevo. Nosotros hemos recibido un gran apoyo por parte de los diferentes gobiernos de los distintos países donde trabajamos. Los gobiernos que respaldan a las empresas ayudan a crecer a su país.

Las costumbres o la cultura

Las costumbres o la cultura del país en cuestión son un factor muy importante para el ingreso a un nuevo mercado. Las personas tienen diferentes usos, diferentes formas de llamar a las cosas, distinta alimentación, distintos horarios para consumir alimentos, y distintos sabores y gustos en general.

QUÉ PODEMOS APRENDER
DE LA GLOBALIZACIÓN

La globalización, a mi juicio, es un concepto importante que hay que entender, al que hay que acostumbrarnos, y con el que tendremos que vivir ahora y en el futuro.

El cambio es inherente a la humanidad y existe desde siempre, sólo que ahora se produce cada vez más rápido. Muchos de los problemas que enfrentamos se derivan de nuestra resistencia al cambio, de que nos aferramos a lo conocido porque nos da confianza, pero sólo quienes saben afrontar ese reto progresan a su ritmo en vez de ser arrastrados por él.

Nuestros dirigentes más jóvenes creían que teníamos la capacidad para ser una de las más grandes panificadoras del mundo. Hoy ya lo somos. A mí me han preguntado, por ejemplo, en Argentina: "¿Y por qué vienen ustedes aquí? ¿Qué pueden aportar?". Mi respuesta es: "Podemos aportar cosas valiosas. En el aspecto meramente operativo, económico, creo que podemos contribuir con tecnología, calidad, servicio, nuevos productos". Hemos automatizado la manufactura de productos diversos, con maquinaria que no existe en otras partes del mundo y que nosotros tuvimos que desarrollar. Ahora estas líneas valen dos y tres millones de dólares cada una, y estamos orgullosos de ellas porque las empezamos nosotros. Antes todo se hacía a mano. Sí, aportamos tecnología, buenos productos, sistemas. En todo nuestro sistema de distribución cada quien tiene sus valores, lo mismo que en nuestra concepción mercadotécnica.

Por otro lado, también podemos contribuir en el, tan importante, aspecto humano y social. Cuando nos hicimos cargo de la planta que compramos en Guatemala los colaboradores nos comentaron: "Nunca nos habían hablado así, nunca nos habían tomado en cuenta así, nunca nos habían respetado así".

Por ello estamos seguros de nuestros conocimientos y experiencia en lo que se refiere a lo económico, tecnológico y administrativo, y en lo que se refiere a lo humano, social y de valores.

Al respecto, en las tareas diarias surgen muchas anécdotas interesantes. Por ejemplo, un día un colaborador que se está jubilando y su esposa me visitaron. Y cuando les pregunté el motivo de su visita me dijeron: "Venimos a darle las gracias". Yo respondí: "¿Las gracias? No tiene nada que agradecer, usted trabajó, quien debe darle las gracias soy yo." "Mire —replicó él—, si no hubiera sido por Bimbo, mi vida sería otra. Todavía vivo con la misma señora…" Es satisfactorio ver que hay familias que sienten y reconocen que su vida hubiera sido otra de no haber trabajado con nosotros.

Una primera lección respecto a la globalización es que el cambio es inevitable, que tiene su razón de ser y que es precisamente cambiando para mejorar como las empresas y las personas pueden avanzar, con prudencia, a la vanguardia.

En América Latina escuchamos a diario noticias de quiebras, cierres y fracasos, sobre todo de pequeñas y medianas empresas. Aunque es lamentable, hay que analizar si la raíz del problema que enfrentan es no haberse adaptado a las nuevas circunstancias, no haberse modernizado, no haber adquirido nuevas tecnologías, no haber capacitado al personal, etcétera. En resumen, averiguar si, de cara a un cambio profundo en el ámbito mundial y nacional, sus administradores siguieron haciendo las cosas igual, es decir, como dicen algunas personas, siguieron *ordeñando* a las empresas en vez de reinvertir en ellas o reconvertirlas.

La segunda lección es que la empresa tiene que transformarse en los aspectos económicos y sociales. En lo económico, es necesario que se acerquen más a los niveles tecnológicos internacionales. Los países que nos hemos abierto a la globalización ya no constituimos economías protegidas como hasta hace pocos años. Enfrentamos competencia de todo el mundo, competencia que cuenta con sistemas, equipos y procesos robotizados, computarizados y con importantes innovaciones, fruto de programas intensivos de investigación y desarrollo, derivados de la necesidad de supervivencia en un ambiente muy competitivo.

Es evidente que no se puede seguir operando con tecnologías atrasadas o con equipos obsoletos e ineficientes, porque con ello estaremos asegurando nuestra declinación y eventual desaparición. La *reconversión* se ha vuelto una exigencia. Es oportuno recordar aquella frase que dice: "Renovarse o morir". Para las empresas que se encuentran en países que todavía no alcanzan la competencia internacional, ésta es la ocasión de prepararse.

Una empresa no puede aspirar a ser global sino se adecua en todos estos aspectos. Trasladar modelos exitosos a otros países no es fácil; se presentan muchos problemas imprevistos. Pero si además no se cuenta con un nivel de actualización que vaya más allá de los usuales, entrar a la globalización será una labor mucho más ardua.

La tercera lección es la de aprender, escuchar y buscar complementarnos. Conocer la diversidad de culturas, de gustos y de sistemas nos da la oportunidad de competir con otros países y beneficiarnos mutuamente.

Adquirimos una empresa muy sólida en Estados Unidos y nos percatamos de que podíamos beneficiarnos con lo que ellos han aprendido a lo largo de su exitosa historia, en especial en lo que respecta a la calidad del producto, la relación con autoservicios y la seguridad industrial. Ellos a su vez se entusiasmaron al conocer nuestras plantas y nuestra fuerte presencia en el mercado.

Es muy satisfactorio observar en varias de las reuniones de nuestras operaciones o en el corporativo la participación entusiasta de personas provenientes de diversas empresas y países, enfocadas hacia un objetivo, que ahora es común y complementario.

Conclusiones sobre nuestra responsabilidad como empresarios ante el fenómeno de la globalización

1. El sistema de Libre Mercado, a pesar de su reconocida bondad, no ha conseguido, sobre todo en los últimos tiempos, cerrar la brecha existente entre ricos y pobres. Esto sucede tanto con los países como con las personas.
2. Si los empresarios del mundo globalizado no nos percatamos de que tenemos una responsabilidad social que va al parejo de la económica, pondremos a la humanidad en un riesgo de gran magnitud.
3. El sistema de Libre Mercado puede ser el camino para lograr un mundo mejor, siempre y cuando se opere con responsabilidad social y se elimine la concepción puramente liberal.
4. La globalización va en línea con la solidaridad humana y es inevitable. Debemos encauzarla bien.
5. Los empresarios tenemos la mayor parte de responsabilidad de que este proceso sea justo, y para beneficio de todos, no sólo de algunos.

LOS PRINCIPALES RETOS
PARA GRUPO BIMBO

En la actualidad el Grupo está enfrentando varios retos. Entre ellos se cuentan los que se listan enseguida:

- El reto fundamental es que tenemos que encontrar maneras más eficientes y económicas de trabajar y producir, porque hay una lucha mundial por bajar costos.
- Otro reto es que está cambiando el mercado. Antes nuestros clientes eran pequeños, ahora la tendencia se inclina a las grandes cadenas. Eso implica una manera distinta de trabajar.
- Un reto más es la competencia nacional e internacional.
- Enfrentamos también el reto de ser creativos, buscar nuevos productos, encontrar mejores soluciones a las necesidades de la sociedad y de la gente.

LOS PRINCIPALES RETOS PARA LOS PAÍSES
EN VÍAS DE DESARROLLO Y DEL TERCER MUNDO

Los países en vías de desarrollo y del Tercer Mundo enfrentan retos particulares, por ejemplo los que se listan enseguida.

- El reto más grande que enfrentan estos países es entender que debemos entrar al cambio, y que éste implica, sobre todo, terminar con la corrupción y con el trabajo ineficiente e improductivo.

Hemos perdido una oportunidad de oro para arreglar cosas importantes en estos países. Porque cuando la corrupción se acabe o se reduzca; cuando disminuya la burocracia (entendida como parte del sector que no produce), en ese momento habrá que empezar a hacer todos los ajustes necesarios para invertir allí.

En el ámbito de la infraestructura, por ejemplo, necesitamos puertos, aeropuertos, carreteras, caminos; debemos trabajar en pesca, en agricultura, en silvicultura, en turismo.

Sí, en este tipo de países todo está por hacerse. Tenemos el liderazgo, pero la maraña de improductividad, burocracia y corrupción que todavía está incrustada en ellos, no permite que las cosas caminen.

○ Otro reto: es indispensable tratar de buscar la unidad nacional en cada uno de los países, así como de promover el diálogo, el acercamiento y el apoyo entre las naciones.

Capítulo 10
Algunas ideas personales

Nuestra responsabilidad en la actividad económi-
ca está fuertemente condicionada por las caracte-
rísticas del régimen en el que nos desenvolvemos.

Roberto Servitje

LA PATRIA QUE QUEREMOS

Los países en vías de desarrollo y del Tercer Mundo no son ni más ni menos que lo que somos sus ciudadanos. Nosotros somos artífices de lo bueno y lo malo que sucede en nuestros países. No podemos criticarlos sin criticarnos a nosotros mismos. No podemos culpar a nadie de nuestros problemas y fracasos.

Si queremos países mejores tenemos que trabajar en ello, nadie lo hará por nosotros. Fuimos nosotros mismos y nuestros antepasados quienes moldeamos a nuestros países a través del tiempo y podemos seguirlo haciendo con esfuerzo, con trabajo, con respeto a nuestros valores y con valor civil.

¡Nuestras costumbres, nuestros gobiernos, nuestros países serán lo que nosotros queramos!

EL VOTO

La vida en sociedad exige que todos desempeñemos el papel que nos corresponde y seamos conscientes de nuestros derechos y obligaciones, ya que sólo el cumplimiento de estas últimas hace posible la vida social.

En nuestras leyes se consagra el derecho a elegir a quienes consideremos aptos para gobernarnos. Es el derecho al voto. Sin embargo, votar no es sólo un derecho sino también una obligación.

Algunas personas no votan porque no entienden la enorme trascendencia que la elección de un gobernante tiene para ellas y para los suyos. No votan porque piensan que hacerlo, o dejarlo de hacer, no va a cambiar nada. Esa actitud es errónea: votar debería ser una de las principales obligaciones de un adulto.

Es necesario entender un poco más el proceso político, a los partidos, a sus candidatos y sus tendencias, y votar por aquellos que representen mejor a todos los sectores sociales del país.

En esto radica la importancia de que todo ciudadano responsable esté pendiente de la política, pues, como decía un connotado autor francés, meterse en política es meterse en lo que sí importa; es asumir, en la medida que nos toca, la responsabilidad que nos corresponde.

Indudablemente, sin la amplia participación de la ciudadanía, no puede existir un buen gobierno. Si bien suponemos que elegimos a los mejores para gobernarnos, los ciudadanos necesitamos darles retroalimentación para que cumplan sus funciones de acuerdo con los intereses de toda la sociedad.

> Los empresarios somos parte de esa sociedad y de su economía, pero el buen funcionamiento de nuestras empresas está fuertemente condicionado por las características del régimen en el que nos desenvolvemos, por lo tanto, para que éstas estén sanas necesitamos el marco gubernamental idóneo.

En todo el mundo se requieren leyes más lógicas, que fomenten la inversión, el empleo, la creación de empleos, la productividad; que permitan la competitividad internacional, pero aún estamos lejos de eso.

En algunos países tenemos un grave problema con el impuesto al consumo debido a que, como la clase media ha disminuido de manera dramática, este impuesto está golpeando con fuerza a las clases menos favorecidas. Por esto es necesario buscar una solución inteligente, dirigida a conseguir la productividad y la generación de empleo. Las leyes tienen que cambiar.

Por otro lado, en muchos países —creo que en parte como consecuencia de toda la corrupción de la que ya hemos hablado— estamos saturados de *tramitología*, una especie de cáncer que afecta a la economía en dos aspectos: promueve el desarrollo empresarial fuera de la ley y frena el desarrollo de las empresas que sí cumplen con las leyes, con lo cual estimula las actividades que no están reguladas.

En un momento dado la corrupción del gobierno se propaga a la gente que atiende en las ventanillas, quienes piden una *ayudita* o cosas por el estilo.

Esto no ocurre en Europa, en donde empresarios de varios de los países que han entrado a la Unión Europea, como España, Grecia y Portugal, han logrado que sus empresas se desarrollen y han contribuido al avance de sus países gracias a un enorme esfuerzo por crear viviendas, pues estas compañías dan empleo, utilizan materiales locales y producen en sus colaboradores una enorme satisfacción psicológica.

En España, Portugal o Grecia se atestigua un enorme auge en la vivienda, se han construido miles de condominios y eso ha agilizado la economía.

¿Qué sucede en los países en vías de desarrollo? Que hay una necesidad muy considerable de vivienda y que contamos con todos los recursos materiales que pudiéramos necesitar, no tenemos que importar nada; y nos sobra la mano de obra.

En el último siglo existieron sistemas imperfectos que contaban con premisas de mucho valor pero carecían de otras, básicas y elementales, lo cual los precipitó al fracaso. Deslumbrados por una lógica aparente se lanzaron en la búsqueda de una sociedad ideal, acomodando las piezas como en aquellos acertijos o rompecabezas en los que todo parece acomodarse, menos la última pieza.

Los diversos sistemas sociales, adoptados e impulsados por los países de Oriente y Occidente, enfrentaron problemas y fallaron por la misma razón fundamental: no respetaron la dignidad de las personas que vivieron bajo sus auspicios.

Esto pone en evidencia que lo que más nos debe preocupar en la actualidad es buscar un sistema económico que supere a los anteriores, que no sea bueno sólo para algunos o para la mayoría, sino para todos. Un buen sistema no debe ser como el rompecabezas que mencionamos, en el que casi todos los elementos se acomodan pero alguno no embona, pues eso demuestra que algo no está bien y es un síntoma de que se ha vulnerado alguno de los grandes principios sociales.

Es hora de que los pueblos hayan aprendido las lecciones y elijan —y exijan— los gobiernos que necesitan. Es responsabilidad de todos, pero ahora quizá más de los jóvenes, velar y luchar porque sus representantes propongan, vivan y apoyen un marco basado en los grandes valores y los principios sociales.

Según un dicho común, los pueblos tienen los gobiernos que se merecen, y es verdad. Todos clamamos contra las fallas, las ineficiencias, los abusos y la corrupción, pero no nos detenemos a reflexionar que todos tenemos mucho que ver, mucho que hacer para que la situación mejore.

Un aspecto trascendental es la corrupción. Cuando ésta permea las múltiples actividades de la vida cotidiana, todo se distorsiona y es imposible aspirar al orden y a la legalidad.

Tras un breve análisis comprobamos que muchos de nuestros problemas se originan en la corrupción de quienes ofrecen y de quienes aceptan sobornos: los de falta de estacionamiento, contaminación, inseguridad y criminalidad, infraestructura deficiente, etcétera.

Sabemos, por datos del Banco Mundial, que durante las cuatro penúltimas décadas del siglo pasado muchos países en vías de desarrollo habían progresado a un ritmo increíble, tanto en el campo de la salud como en el de la educación. En el aspecto económico algunos quintuplicaron su renta media, tasa sin precedentes en la historia. Los trastornos que ocurrieron en la última década conformaron un panorama menos optimista pero, aun así, el crecimiento de las décadas pasadas indica que el sueño de un desarrollo rápido y sostenido puede volverse realidad.

Si anhelamos un mundo mejor, y sin duda así es, hay que hacer lo que sea necesario para cambiar esta cultura. Si bien el ciudadano medio no puede hacer mucho para lograr un marco gubernamental adecuado, sí puede hacer mucho más en la esfera socioeconómica.

Prácticamente todo ciudadano es sujeto y objeto de la actividad económica, la suma de las acciones y omisiones de cada uno influyen en los diversos ámbitos de la actividad social. Los resultados directos se observan en el orden económico, cultural, artístico, ecológico y demás aspectos de la vida del país.

Por lo tanto, si queremos alcanzar el progreso al que nos hemos referido, tenemos que mejorar muchas, si no es que todas, las células que conforman el tejido social. Si queremos que esa suma arroje mejores resultados, comparables a los de otras sociedades desarrolladas, tenemos que realizar cambios importantes.

Por último, hay que mencionar que la célula fundamental de la sociedad es la familia y que la sana integración familiar es vital para un desarrollo social también sano. Por consiguiente, un requisito indispensable para construir una sociedad equilibrada es preservar en la familia una atmósfera de afecto, respeto y solidaridad.

Otra célula es la escuela, la cual es la responsable de impartir la educación, de la cual depende el sustento y el desarrollo de los pueblos. Por lo tanto, los gobiernos tenemos que entender que la educación es una prioridad sobre muchas otras, y que nunca serán suficientes todos los esfuerzos y sacrificios que se realicen para avanzar decididamente hacia niveles más altos.

Las instituciones internacionales encargadas de promover el desarrollo social atribuyen un papel decisivo a la educación, en particular a la básica.

Debemos, por consiguiente, entender primero nuestro sistema educativo y después apoyar con toda nuestra fuerza su mejoramiento constante.

Tenemos que esforzarnos para que la educación no sólo imparta conocimientos sino que inculque también valores espirituales y principios morales.

Mikhail Gorbachov, a quien conozco, admiro y respeto, en su libro *Perestroika* expresa lo siguiente: "En la actualidad nuestro principal trabajo es elevar al individuo espiritualmente, respetando su mundo interior y fortaleciendo su moral".

Quiero pensar que muy pocas personas de esta generación han vivido experiencias tan intensas como las de él y, por lo tanto, no han tenido que pensar, meditar y sopesar alternativas como él lo ha hecho. Cuando señala lo anterior es porque considera que es así como se puede atacar la raíz de los problemas sociales que ocasionan el desasosiego en que vive el hombre actual.

Los empresarios le ofrecemos todo a la sociedad. Somos sus caballos de trabajo. Queremos que nos den de comer bien, que nos traten bien, pero a la vez somos los que vamos en busca de la productividad, del empleo y la tecnología. Somos los que producimos, de quienes en gran medida depende el desarrollo económico y social de un país.

Obviamente, también debemos pagar impuestos, ser respetuosos, cumplir con las disposiciones medioambientales, en fin, ser responsables. Para ello necesitamos estímulo y apoyo. En los países donde el empresario es apoyado, como en Singapur, una islita sin recursos, ha surgido una de las economías más pujantes del mundo. El ingreso per cápita de ese país es impresionante y esto se debe a que tienen un gobierno que estimula y apoya todo el trabajo empresarial.

Por ser empresario y porque estoy seguro de que muchos de los lectores de este libro lo son o van a serlo, y porque todos, de un modo u otro, tenemos relación con las empresas, en el cuadro siguiente presento un esbozo más amplio de su trascendente función, de su responsabilidad y de cómo pueden adecuarse para desempeñar mejor el papel que les corresponde en la sociedad.

○ La empresa —y esto lo sostengo en todos los foros porque me parece que es necesario que se entienda así— es una institución vital para la vida en sociedad, sin ella, la sociedad no podría existir tal como la concebimos.

○ La empresa es, sin duda, el motor que mueve la economía, es la principal promotora de la tecnología y capacitación, creadora de empleo y generadora de riqueza.

○ La empresa es determinante en el estilo de vida de las naciones y es la principal responsable de las condiciones de vida que privan en cualquier país. Repito el planteamiento de Peter Drucker: "En la medida en que se resuelvan los problemas de la empresa, se resolverán los problemas de la sociedad".

Dije al principio del libro que son los líderes los que tienen que tomar la iniciativa. Y aquí hay una muy importante, la de promover la *sociedad sostenible*, el *crecimiento sustentable*. Nosotros, que somos o vamos en camino de ser parte de ese liderazgo, somos quienes debemos ver el problema de lograr una sociedad de este tipo, entender la gravedad de éste y actuar en consecuencia.

En el nuevo entorno las únicas empresas que podrán operar con éxito son las que comprendan que son ellas las que tienen la fuerza para conseguir ese objetivo.

No hay misterio, la empresa que responda inteligentemente al reto social, la que sirva bien a todos: a la gente de afuera —el consumidor— y a la de adentro —sus colaboradores—, a la sociedad en su conjunto, produciendo riqueza, cuidando el ambiente, respetando las leyes y contribuyendo al bien común, tendrá asegurado el éxito que merece.

UNIR O SEPARAR

En su devenir histórico la ciencia y la tecnología han conseguido logros impresionantes, para comprobarlo basta con observar los prodigios tecnológicos que forman parte de nuestra vida diaria.

Pero si bien en muchas áreas hemos avanzado a pasos agigantados, en otras nos hemos estancado e incluso parece que hemos retrocedido. La humanidad se ha estado desgarrando en guerras inútiles, revoluciones fratricidas y enfrentamientos estériles que han debilitado a los países y a sus habitantes.

Si fuéramos congruentes cuando afirmamos que el lugar más importante en nuestra escala de valores lo ocupa el hombre, tendríamos que fomentar un clima de afecto, de apoyo, de ayuda mutua y de solidaridad, un ambiente en el que los seres humanos y los gobiernos se ayudaran mutuamente a superar sus carencias. Un clima en el que pudieran intercambiar excedentes, brindarse apoyo y emprender acciones unidas y concertadas para lograr su desarrollo y su integración, así como para que las personas se realicen y sean felices.

Hay una sabia recomendación que dice: "Debemos fijarnos más en aquello que nos une y acerca, y menos en lo que nos divide y aleja".

Es fundamental que hagamos un esfuerzo para estar dispuestos al diálogo, abiertos a escuchar, prontos a conciliar, ya que todos tenemos la responsabilidad de propiciar la paz.

La historia nos ha mostrado que los grandes estallidos sociales ocurren cuando el hombre no encuentra la manera de satisfacer sus muy diversas necesidades, y que las constantes tensiones y conflictos de la humanidad se deben a la injusticia, la inequidad, el abuso, la marginación, la opresión, la falta de libertades y de oportunidades, así que no hay duda de que si queremos mantener la paz, debemos transformar nuestras políticas y nuestras instituciones para que respondan mejor a los grandes anhelos del ser humano.

Los gobiernos deben abrirse a la democracia, a la sana participación ciudadana. Deben ser transparentes y honestos, y luchar contra la corrupción, el burocratismo y la ineficiencia. Deberán, también, rodearse de los mejores hombres, los más capaces, los más conscientes y responsables de la problemática social y de las soluciones que esta requiere.

El término *aristocracia*, desprestigiado y prostituido por las experiencias históricas, sigue siendo válido cuando por aristocracia se entiende el gobierno ejercido por los mejores.

¿Qué características distinguen a los mejores? Por principio de cuentas son líderes, gobernantes sanos, honestos, con ideales, con visión, con fortaleza, con una visión clara de lo que se debe hacer y con capacidad para tomar decisiones aunque tengan que desafiar el *statu quo* y enfrentar presiones e inercias.

Apéndice 1
Cronología de fábricas

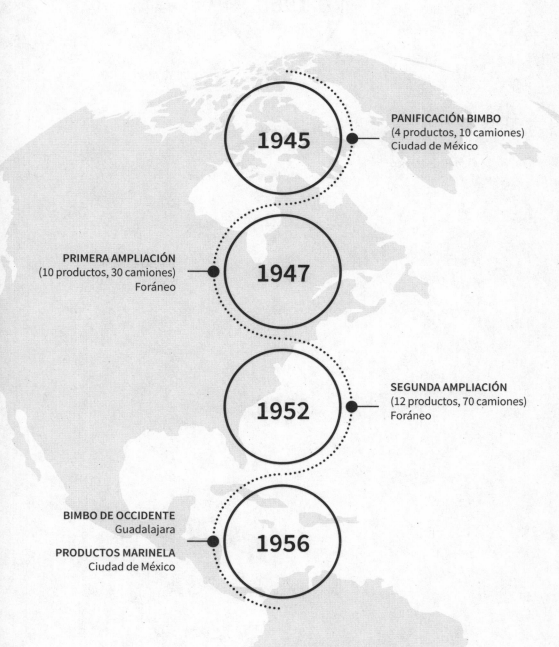

1945
PANIFICACIÓN BIMBO
(4 productos, 10 camiones)
Ciudad de México

1947
PRIMERA AMPLIACIÓN
(10 productos, 30 camiones)
Foráneo

1952
SEGUNDA AMPLIACIÓN
(12 productos, 70 camiones)
Foráneo

1956
BIMBO DE OCCIDENTE
Guadalajara
PRODUCTOS MARINELA
Ciudad de México

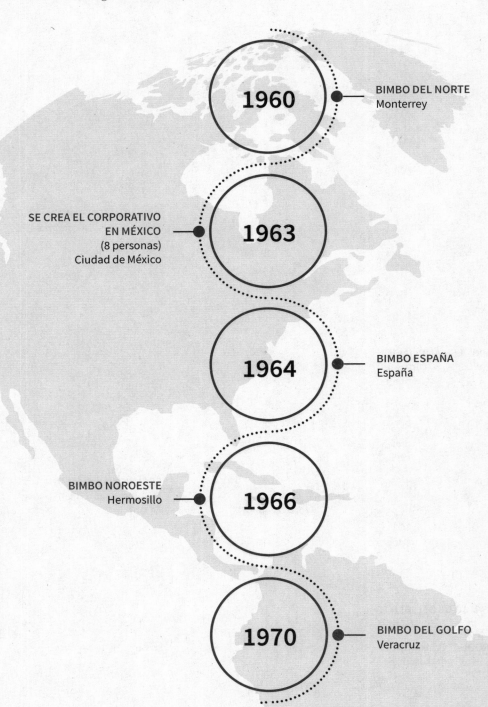

1960 — BIMBO DEL NORTE
Monterrey

SE CREA EL CORPORATIVO
EN MÉXICO
(8 personas)
Ciudad de México — 1963

1964 — BIMBO ESPAÑA
España

BIMBO NOROESTE
Hermosillo — 1966

1970 — BIMBO DEL GOLFO
Veracruz

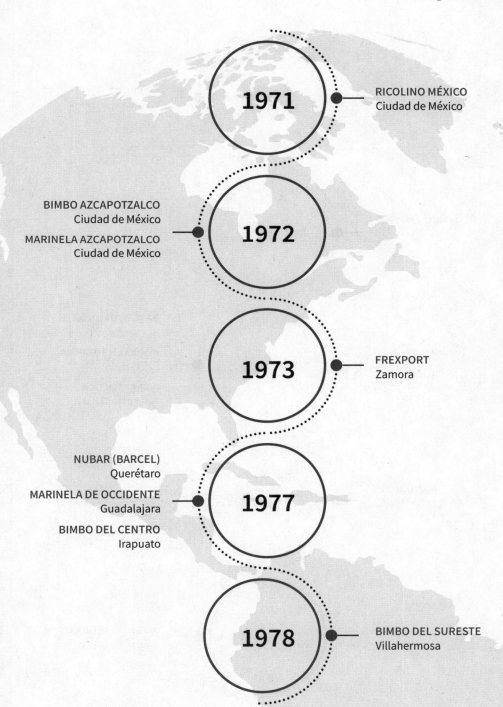

1971

RICOLINO MÉXICO
Ciudad de México

BIMBO AZCAPOTZALCO
Ciudad de México

MARINELA AZCAPOTZALCO
Ciudad de México

1972

1973

FREXPORT
Zamora

NUBAR (BARCEL)
Querétaro

MARINELA DE OCCIDENTE
Guadalajara

BIMBO DEL CENTRO
Irapuato

1977

1978

BIMBO DEL SURESTE
Villahermosa

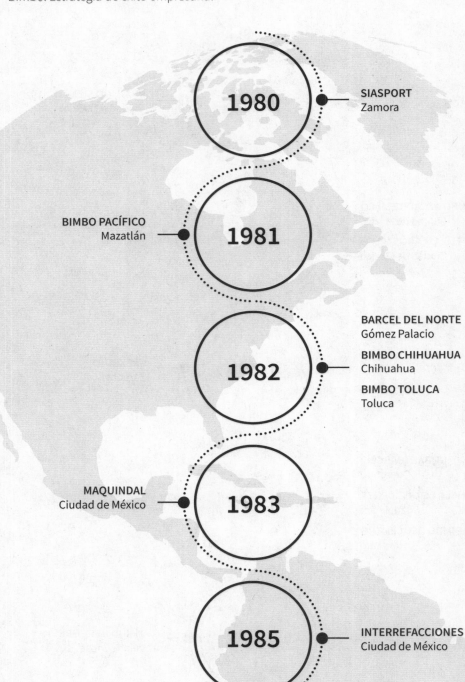

1980
SIASPORT
Zamora

BIMBO PACÍFICO
Mazatlán
1981

1982
BARCEL DEL NORTE
Gómez Palacio
BIMBO CHIHUAHUA
Chihuahua
BIMBO TOLUCA
Toluca

MAQUINDAL
Ciudad de México
1983

1985
INTERREFACCIONES
Ciudad de México

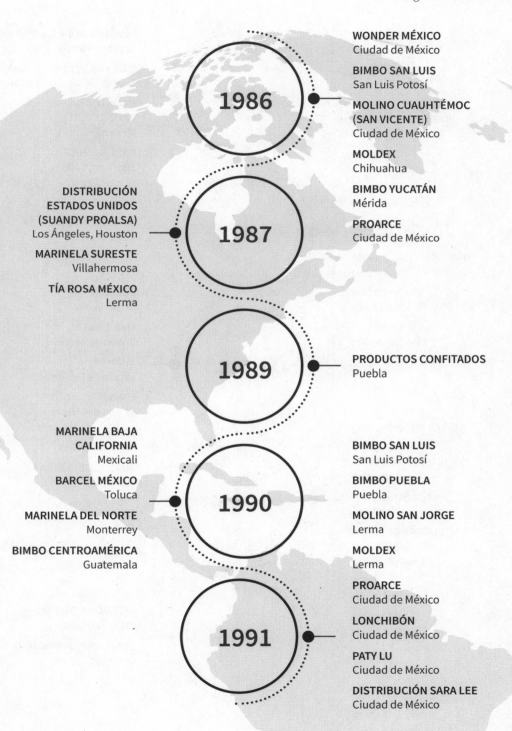

1986

WONDER MÉXICO
Ciudad de México

BIMBO SAN LUIS
San Luis Potosí

MOLINO CUAUHTÉMOC
(SAN VICENTE)
Ciudad de México

MOLDEX
Chihuahua

1987

DISTRIBUCIÓN
ESTADOS UNIDOS
(SUANDY PROALSA)
Los Ángeles, Houston

MARINELA SURESTE
Villahermosa

TÍA ROSA MÉXICO
Lerma

BIMBO YUCATÁN
Mérida

PROARCE
Ciudad de México

1989

PRODUCTOS CONFITADOS
Puebla

1990

MARINELA BAJA
CALIFORNIA
Mexicali

BARCEL MÉXICO
Toluca

MARINELA DEL NORTE
Monterrey

BIMBO CENTROAMÉRICA
Guatemala

BIMBO SAN LUIS
San Luis Potosí

BIMBO PUEBLA
Puebla

MOLINO SAN JORGE
Lerma

MOLDEX
Lerma

1991

PROARCE
Ciudad de México

LONCHIBÓN
Ciudad de México

PATY LU
Ciudad de México

DISTRIBUCIÓN SARA LEE
Ciudad de México

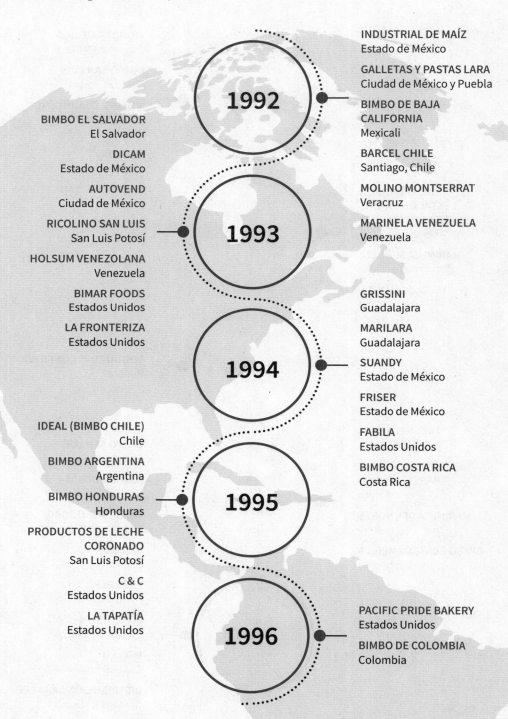

1992

INDUSTRIAL DE MAÍZ
Estado de México

GALLETAS Y PASTAS LARA
Ciudad de México y Puebla

BIMBO DE BAJA
CALIFORNIA
Mexicali

BIMBO EL SALVADOR
El Salvador

DICAM
Estado de México

AUTOVEND
Ciudad de México

RICOLINO SAN LUIS
San Luis Potosí

HOLSUM VENEZOLANA
Venezuela

BIMAR FOODS
Estados Unidos

LA FRONTERIZA
Estados Unidos

1993

BARCEL CHILE
Santiago, Chile

MOLINO MONTSERRAT
Veracruz

MARINELA VENEZUELA
Venezuela

GRISSINI
Guadalajara

MARILARA
Guadalajara

SUANDY
Estado de México

FRISER
Estado de México

1994

IDEAL (BIMBO CHILE)
Chile

BIMBO ARGENTINA
Argentina

BIMBO HONDURAS
Honduras

PRODUCTOS DE LECHE
CORONADO
San Luis Potosí

C & C
Estados Unidos

LA TAPATÍA
Estados Unidos

1995

FABILA
Estados Unidos

BIMBO COSTA RICA
Costa Rica

1996

PACIFIC PRIDE BAKERY
Estados Unidos

BIMBO DE COLOMBIA
Colombia

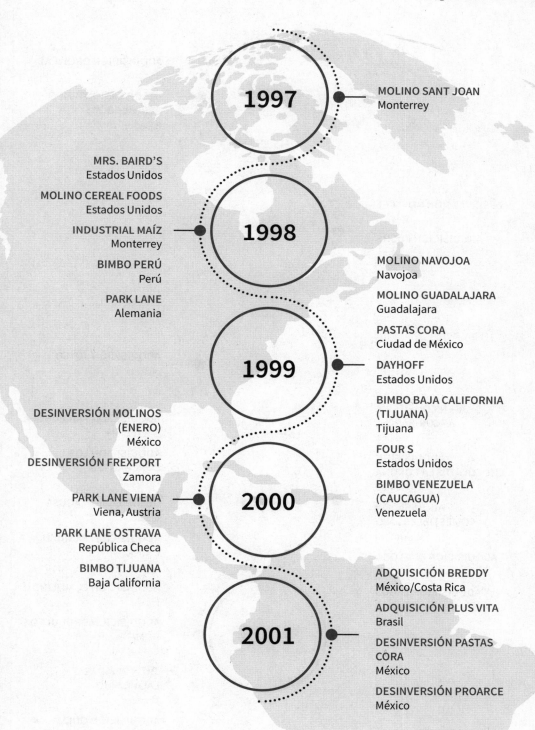

1997

MOLINO SANT JOAN
Monterrey

MRS. BAIRD'S
Estados Unidos

MOLINO CEREAL FOODS
Estados Unidos

INDUSTRIAL MAÍZ
Monterrey

1998

BIMBO PERÚ
Perú

PARK LANE
Alemania

MOLINO NAVOJOA
Navojoa

MOLINO GUADALAJARA
Guadalajara

PASTAS CORA
Ciudad de México

1999

DAYHOFF
Estados Unidos

BIMBO BAJA CALIFORNIA
(TIJUANA)
Tijuana

DESINVERSIÓN MOLINOS
(ENERO)
México

FOUR S
Estados Unidos

DESINVERSIÓN FREXPORT
Zamora

PARK LANE VIENA
Viena, Austria

2000

BIMBO VENEZUELA
(CAUCAGUA)
Venezuela

PARK LANE OSTRAVA
República Checa

BIMBO TIJUANA
Baja California

ADQUISICIÓN BREDDY
México/Costa Rica

ADQUISICIÓN PLUS VITA
Brasil

2001

DESINVERSIÓN PASTAS
CORA
México

DESINVERSIÓN PROARCE
México

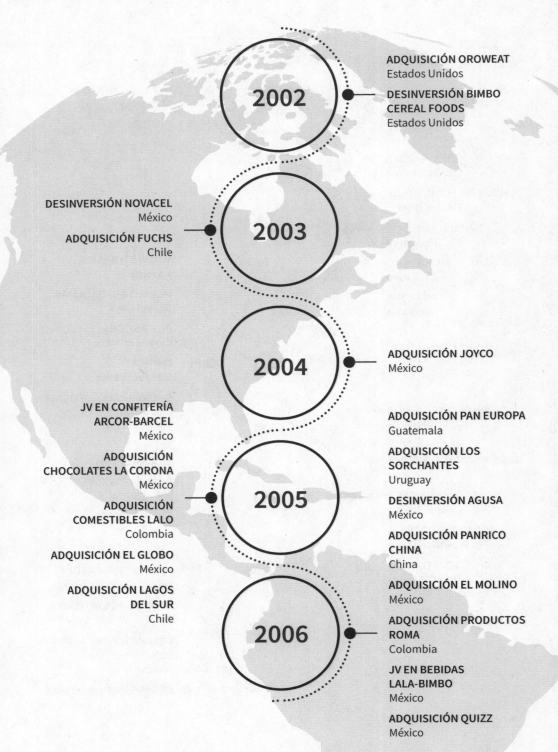

2002

ADQUISICIÓN OROWEAT
Estados Unidos

DESINVERSIÓN BIMBO
CEREAL FOODS
Estados Unidos

2003

DESINVERSIÓN NOVACEL
México

ADQUISICIÓN FUCHS
Chile

2004

ADQUISICIÓN JOYCO
México

2005

JV EN CONFITERÍA
ARCOR-BARCEL
México

ADQUISICIÓN
CHOCOLATES LA CORONA
México

ADQUISICIÓN
COMESTIBLES LALO
Colombia

ADQUISICIÓN EL GLOBO
México

ADQUISICIÓN LAGOS
DEL SUR
Chile

ADQUISICIÓN PAN EUROPA
Guatemala

ADQUISICIÓN LOS
SORCHANTES
Uruguay

DESINVERSIÓN AGUSA
México

ADQUISICIÓN PANRICO
CHINA
China

ADQUISICIÓN EL MOLINO
México

2006

ADQUISICIÓN PRODUCTOS
ROMA
Colombia

JV EN BEBIDAS
LALA-BIMBO
México

ADQUISICIÓN QUIZZ
México

2007

ADQUISICIÓN LA FAVORITA
Panamá

ADQUISICIÓN AGUA DE PIEDRA
Chile

ADQUISICIÓN PAN CATALÁN
Uruguay

ADQUISICIÓN ROLLY'S
Perú

2008

ADQUISICIÓN FIRENZE
Brasil

ADQUISICIÓN LIDO POZUELO
Honduras

ADQUISICIÓN GALLETAS GABI
México

ADQUISICIÓN GALLETAS GABI
Brasil

ADQUISICIÓN MODERNA
Panamá

ADQUISICIÓN MAESTRO CUBANO
Uruguay

ADQUISICIÓN PANTODOS
Paraguay

ADQUISICIÓN LAURA
Brasil

JV EN GALLETAS LA MODERNA-BIMBO
México

2017

ADQUISICIÓN EAST BALT BAKERIES
Italia, Francia, Suiza, Ucrania, Rusia, Turquía, Sudáfrica y Corea del Sur

ADQUISICIÓN GRUPO AGDHAL
Marruecos

ADQUISICIÓN READY INDIA PRIVATE LIMITED
India

2018

ADQUISICIÓN GRUPO MANKATTAN
China

Apéndice 2
Calidad total y reingeniería

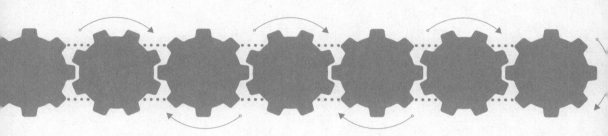

CALIDAD TOTAL. UNA PERSPECTIVA GENERAL

Primera etapa. Establecimiento del contacto

En marzo de 1985 se realizó el seminario basado en las ideas de Philip B. Crosby, creador del concepto *cero defectos* y autor del libro *La calidad es gratis*. Crosby diseñó una metodología completa de implantación de un proceso de Calidad Total consistente en 14 pasos, la cual era la médula del seminario.

El objetivo de la reunión era despertar la conciencia sobre la importancia de la calidad, un asunto que involucra a todos y que se debe mejorar constantemente si la empresa desea permanecer con éxito en el mercado.

El anuncio tuvo gran repercusión y se decidió crear un puesto nuevo en todas las fábricas de la organización para fomentar este proceso: la jefatura de Calidad Total. Asimismo, se nombró un Gerente Corporativo de Calidad Total para coordinar el proyecto en todo el Grupo.

En algunas plantas se integraron Comités de Mejora de Calidad (el primero de los 14 pasos), los cuales se encargarían de planear, organizar y dirigir el proceso. Comenzaron entonces a surgir planes, formas de control de avance, juntas de análisis de problemas, etcétera, y se inició un despertar de la empresa dirigido al mejoramiento integral.

Inicio del cambio

A finales de 1985, en la primera Junta Nacional de jefes de Calidad Total, comenzó a percibirse la dificultad de iniciar y manejar un proceso de cambio de esta naturaleza.

Nadie negaba la importancia de lograr mejorar la calidad de los productos y servicios, nadie se oponía en forma abierta a los objetivos de Calidad Total. El desacuerdo radicaba en la forma en que debía hacerse, específicamente en aspectos relacionados con la metodología, el tiempo y los recursos.

Se entendió que el de la Calidad Total era un camino difícil, y que una vez que se tomara no podría abandonarse; que no se trataba de una moda, sino de una manera de administrar la empresa, de un proceso paulatino de adopción de nuevas actitudes y nuevos sistemas que requería un esfuerzo continuo de apoyo y mucha paciencia.

Además, los conceptos no eran radicalmente nuevos: *costo de no hacer los cosas bien*, *servicio al cliente*, *control de calidad*, *hábito de la mejora*; de alguna manera ya éstos se habían considerado en el contexto de la cultura de Bimbo. Por tanto, la Calidad Total constituía, en gran medida, un reencuentro con valores fundamentales de la organización.

De hecho, el 2 de diciembre de 1945 se publicó, como parte del aviso de inauguración de Panificación Bimbo, que el afán de la empresa era *servir, servir con calidad*. ¿Por qué, entonces, 40 años después, Roberto Servitje, uno de los propios, hablaba de un parteaguas en el momento de dar el banderazo de salida al proceso de Calidad?

Lo que le esperaba a la empresa era un cambio de cultura, un cambio hacia una mayor flexibilidad y agilidad, hacia abandonar las formas tradicionales de hacer las cosas para dejar de hacerlas sólo por inercia.

Segunda etapa

Para finales de 1985 la Gerencia Corporativa de Calidad Total, a cargo de Pablo Elizondo, comenzó a estudiar y asimilar las ideas de W. Edwards Deming,

Joseph Juran y Kaoru Ishikawa, entre otros expertos, y al aplicarlas abrió el panorama de posibilidades para continuar el proceso de cambio.

Proyectos corporativos

Otra de las nuevas ideas, por ejemplo, *La mejora sólo se logra con proyectos seguidos de más proyectos*, de Juran parece ser la que dio más luz sobre el camino a seguir en el proceso de Calidad Total. Ante la necesidad de obtener éxitos se decidió que habría que trabajar en los cinco proyectos de mejoramiento en la empresa que se explican enseguida.

1. *Disminución de la rotación de personal en toda la organización*. Se integró un Equipo de Acción Correctiva (EAC) formado por personal perteneciente a las fábricas y al corporativo, el cual realizó un estudio serio y profundo de las causas de la elevada rotación de personal. Sus integrantes viajaron a todas las plantas para impartir un seminario sobre el tema. También se formaron equipos de este tipo en las fábricas donde este problema era más critico.

2. *Mejora de la capacitación*. Bimbo siempre ha otorgado mucha importancia a esta actividad como medio para el logro de resultados y para el engrandecimiento del colaborador. Con base en esto, se realizaron también seminarios específicos para analizar los lineamientos de capacitación (de los cuales se derivaron planes de capacitación por departamento) que se listan enseguida:

- Detectar necesidades de capacitación y formación.
- Motivar el desarrollo del personal.
- Hacer al jefe directo responsable de que su personal se desarrolle.
- Capacitar y formar, de preferencia en el trabajo.
- Procurar que nadie ocupe un puesto sin antes haber sido capacitado para ello.
- Formar y capacitar para el autocontrol.

3. *Mejora de la frescura del producto en el mercado.* La frescura es uno de los pilares del éxito de Bimbo. Por consiguiente, debe existir el menor tiempo posible entre la hora de fabricación del producto y la hora de colocación en el estante de venta al público. Así que se modificaron turnos de producción y horarios del personal de almacén y despacho, se adaptaron horarios de salida de transportes, se eliminaron las existencias en camiones, se optimizó el manejo de claves para recoger el producto y se ajustaron horarios de reparación de transportes.

4. *Implantación de un sistema eficaz de aduanas.* Al hablar de mejorar la calidad de los productos, surgía siempre el tema de la importancia de contar con materias primas que cumplieran con las especificaciones establecidas.

Se integró entonces el Comité Corporativo de Aduanas, equipo que hizo un plan de aduanas que abarcaba las principales materias primas. El plan fue un éxito: se mejoraron los laboratorios y su equipo, se hicieron más eficientes los sistemas de recepción y almacenamiento de materias primas, se adoptó una postura más estricta y a la vez orientadora con los proveedores, se complementaron y se hicieron más rigurosas las diferentes pruebas a las materias primas y se definieron con exactitud sus especificaciones. Este procedimiento fue superado a medida que se obtuvieron proveedores más confiables.

5. *Estandarización de la calidad de los productos para exportación.* Cuando Bimbo se planteó por primera vez introducir sus productos en el mercado estadounidense surgieron fuertes problemas relacionados con la falta de estandarización y apego a las especificaciones de la Food and Drug Administration (FDA). Esta situación generó el proyecto a nivel corporativo que incluía una serie de actividades específicas de control de calidad para que los productos de exportación cumplieran con los requisitos estrictos para venderse.

Posteriormente este proyecto se amplió al convertirse en el de *Calidad de Producto*, el cual tendría implicaciones mucho más profundas y generales que el primero. El nuevo proyecto impulsaría la idea: *Vamos a fabricar todos nuestros productos como si fueran de exportación... y aún mejor.*

Uno de los conceptos fundamentales aprendidos en esta etapa fue que 85 por ciento del cambio está en manos de la administración. La administración es dueña de los sistemas. Eso significaba que la gente quería hacer bien las cosas. De hecho, las personas casi siempre quieren hacer bien las cosas, cuando no lo hacen es porque su jefe no les aclaró lo que esperaba de ellas o porque no saben hacerlas, o bien por falta de capacitación.

Tercera etapa. Los aspectos de soporte

Durante esta etapa se tomaron varias medidas que contribuirían al cambio propuesto. A continuación se lista y se explica en qué consistieron esas medidas.

1. *Los Equipos de Acción Correctiva (EAC).* Uno de los primeros pasos de los 14 que constituyen el programa de Crosby menciona explícitamente la creación de un Comité de Mejora de la Calidad para guiar y propiciar el cambio. Los comités evolucionaron para convertirse en Equipos de Acción Correctiva. Este tipo de equipo es un híbrido que, como coincide en la parte estadística con los Círculos de Calidad, se maneja interdisciplinariamente con la participación de jefes y colaboradores e incluso con miembros de diferentes departamentos.

Los EAC se utilizaron mucho, se formaron en casi todas las plantas y tuvieron distintos grados de éxito. Los que seguían la metodología y se enfrentaban a problemas concretos fueron los que obtuvieron resultados positivos.

2. *Los obvios.* Otro proceso relevante por atender y que nació de la Dirección Técnica encabezada por Arquímedes Celis, en esa época coordinadora de los departamentos de producción en las fábricas, fue el énfasis en resolver los problemas obvios, los que saltaban a la vista y eran fácilmente identificables. Por ejemplo, orden y limpieza, equipo mal calibrado, falta de capacitación de colaboradores, falta de apego a fórmulas y métodos, etcétera.

3. *El concepto de aseguramiento.* En esa etapa se comenzó a manejar también el concepto de Aseguramiento de Calidad, con base en aspectos un poco más técnicos y orientados a la producción pero que implicaban la necesidad de crear una cultura de autocontrol y prevención a lo largo de todo el proceso.

En muchas de nuestras operaciones podemos ver aún en operación *Cartas de Proceso*, donde se incluyen algunos factores a controlar para lograr las características de calidad deseadas en nuestros productos.

También en combinación con el aprendizaje estadístico, el aseguramiento de calidad influyó para que se planteara la necesidad del Control Estadístico de Proceso (CEP).

Los tres elementos principales de esta etapa fueron: el seminario de conceptos en administración para la Calidad Total, el seminario de siete herramientas básicas y, por último, el seminario de aseguramiento de calidad, los cuales se impartieron en múltiples ocasiones. Para ello se elaboraron manuales y material didáctico con ejercicios y casos prácticos de la propia empresa.

Cuarta etapa. Consolidación

A partir de un seminario impartido a la alta dirección, y de reuniones posteriores, surgió un modelo para la implantación de la administración de la calidad. La característica vital es que el modelo era propio, es decir, generado por y para Grupo Bimbo y fundamentado en tres grandes principios:

- Enfoque en el cliente.
- Trabajo en equipo.
- Administración de los procesos.

El modelo Bimbo de calidad

El modelo Bimbo consta de las siguientes cuatro fases:

Fase I. Preparación para el inicio. En esta fase se realizaron muchas acciones, todas dirigidas a lograr la concientización, la comprensión, el compromiso y el liderazgo para el mejoramiento continuo. Destacan en esta fase:

a) La generación de la misión.
b) El trabajo para crear el ambiente propicio.
c) La emisión de la política.

Fase II. Entendimiento de los procesos e inicio de los proyectos

Definición de procesos
El primer esfuerzo realizado en cuanto a la definición de procesos puede reflejarse concretamente en el compendio de cada dirección funcional. Allí se tiene la documentación de los procesos pertenecientes al área. El siguiente paso en este sentido es que cada equipo cuente con los procesos que le corresponden y los administre (lo cual significa identificarlos, definirlos, medirlos, controlarlos y mejorarlos).

Al momento de definir los procesos de las áreas se detectó la necesidad de identificar los principales procesos de la organización. De esta forma nació el término *macroproceso* y arrancó el proceso de identificación del funcionamiento de los mismos.

Sin embargo, además de la necesidad de definir los macroprocesos se consideró la posibilidad de que no sólo se definieran, sino que se modificaran, de tal forma que en ellos se plasmaran las mejores prácticas de negocios a nivel mundial, con el fin de hacer más competitivo al Grupo.

Así surgió el concepto de Reingeniería y los 10 macroprocesos.

Al concebirse la Reingeniería como el proceso de *reinvención de los procesos* hubo confusión en cuanto a su relación con el proceso de Calidad. Se pensó que Reingeniería venía a sustituir a Calidad, que ahora ya no era calidad sino Reingeniería. El desarrollo de la Reingeniería en Grupo Bimbo se utiliza también como una estrategia para buscar una mayor competitividad. Consideramos importante mencionar que al entender los procesos (*Fase II*), nos dimos cuenta de que incluso había que cuestionar su naturaleza con *base cero*, es decir, no tratar de mejorar algo que tal vez no deberíamos siquiera hacer.

Inicio de proyectos

Se trabajó intensamente en las diferentes operaciones del Grupo con el lineamiento de concluir con éxito al menos un proyecto por departamento. En cada fábrica estos proyectos debían:

1. Orientarse a mejorar índices de productividad y apoyar las metas de cada departamento.
2. Realizarse con estricto apego a la metodología de calidad.
3. Aportar ganancias significativas y trascendentes para las operaciones del Grupo.

Además de los beneficios económicos obtenidos, es importante resaltar que el hecho de que los equipos de trabajo utilizaran una metodología para resolver problemas reales que se presentaban en su área día con día, ha generado una cultura de mejoramiento en todos los participantes.

Fase III. *Control de procesos y proyectos*

Fase IV. *Mejora continua*

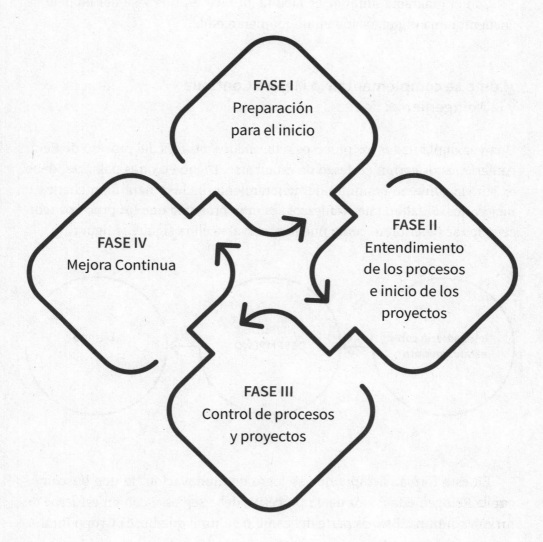

FASE I
Preparación
para el inicio

FASE II
Entendimiento
de los procesos
e inicio de los
proyectos

FASE IV
Mejora Continua

FASE III
Control de procesos
y proyectos

Reingeniería

Con el diagrama anterior es fácil identificar en qué fase del modelo se encuentra una organización en un momento dado.

¿Cómo se complementan la Mejora Continua y la Reingeniería?

Una vez implantados los procesos rediseñados a través del proceso de Reingeniería, éstos corren el riesgo de estancarse. Dicho en otras palabras, debe existir un esfuerzo continuo de mejoramiento incluso para mantenerlos y mejorarlos. Si faltan tales esfuerzos, es muy probable que los procesos rediseñados se deterioren, como puede observarse en la siguiente figura.

En esta forma, siempre que se logre una innovación, lo que buscamos con la Reingeniería de los macroprocesos, debe seguirse con un esfuerzo de mejora continua. Esto es parte del cambio cultural que busca Grupo Bimbo.

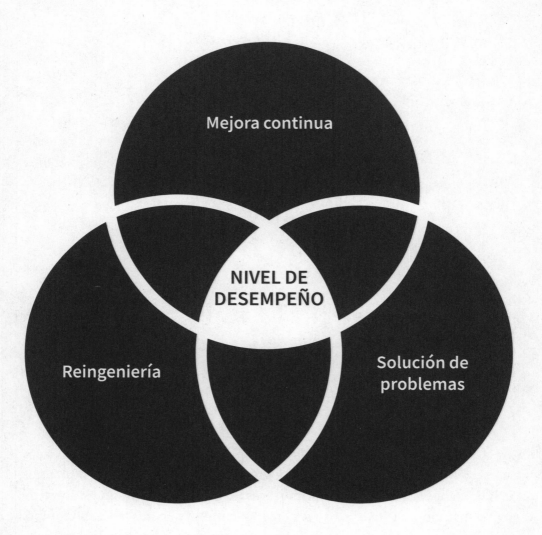

Mejora continua

NIVEL DE
DESEMPEÑO

Reingeniería

Solución de
problemas

Epílogo

No quisiera terminar sin insistir en algo que considero fundamental para asegurar el éxito de cualquier empresa.

A lo largo de este libro lo he mencionado repetidas veces, pero considero necesario expresarlo de manera más terminante.

Me refiero a la importancia de las personas que tienen la responsabilidad de tomar decisiones: los empresarios, los gerentes, los jefes.

Hemos repetido que *La empresa será lo que sea su gente, y que su gente será lo que sean sus jefes*. Esto es una enorme verdad, por ello es de capital importancia que esos jefes, gerentes o empresarios sean verdaderos líderes, que reúnan los requisitos que ya mencionamos.

La empresa va a ser excelente, buena o mediocre, dependiendo de lo que sean sus jefes. Los líderes excelentes no son los que más figuran sino los que tienen valores, conocimientos, disciplina y una voluntad inquebrantable de servir bien.

Termino diciendo que el éxito de una empresa dependerá de la capacidad de descubrir y apoyar a las personas valiosas y de saber deshacerse, con toda la caridad que se quiera, de los que no consigan esa excelencia.

Roberto Servitje

Nota final

Más de una vez me han preguntado cuál es mi ideología, ¿derecha, izquierda, centro? Les contesto que mi ideario es estar a favor del respeto a la dignidad de la persona, de la libertad responsable, de la vida, de la familia, de la justicia social, de la reducción de la desigualdad, de la economía de mercado con responsabilidad social, de los derechos humanos y el bien común. En favor de la democracia, del Estado subsidiario, del orden público, la unidad nacional y la Paz.

ALIMENTAMOS UN MUNDO MEJOR

Información al mes de abril de 2022.

HOY SOMOS
MÁS GRANDE

**33
PAÍSES**

**+137,000
COLABORADORES**

LA PANADERÍA DEL MUNDO

 +200
PLANTAS

 $17.2 B
VENTAS

GB hoy:

~13,000 productos

+100 marcas

+10 categorías

Un proveedor
multicanal
completo

#1 Brand

Somos la marca <u>más elegida</u> en el sector Alimentario en Latinoamérica

Fuente: Kantar's Brand Footprint, junio de 2021.

Nuestro
PROPÓSITO

Alimentamos un mundo mejor

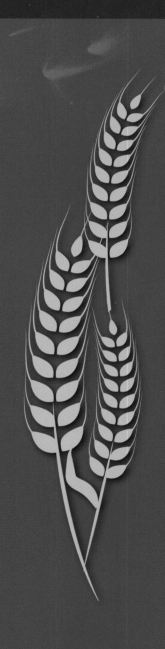

Nuestra
FILOSOFÍA

Construir una empresa sustentable, altamente productiva y plenamente humana.

Regla de Oro:
Respeto, Justicia, Confianza y Afecto.

Nuestras
CREENCIAS

Valoramos a la Persona

Somos una
comunidad

Conseguimos
resultados

Competimos y
ganamos

Somos
operadores
eficaces

Actuamos con
integridad

Trascendemos y
permanecemos
en el tiempo

Nuestra

MISIÓN

Alimentos deliciosos y nutritivos en las manos de todos.